仏教語源散策

中村 元＝編著

はしがき

われわれ日本人の生活や思考、感情のなかには、仏教に由来するものが非常に多く認められる。たとい自覚していなくても、われわれの意識の深層においては根強くはたらいている。われわれが日常何でもなく使っていることばのなかに仏教的なものがなかなか多いので、これをみなで取り上げて考えてみることにした。

執筆者である松濤誠達・松本照敬・上村勝彦の三氏は、わたくしの『佛教語大辞典』三巻（東京書籍刊行）を完成するために多年協力され、最後の段階では特に力をつくされたので、仏教語全体の見通しをもっている人々であるから、こういう書の執筆には適任であると思う。また三人ともインド以来の来歴に詳しいことは、従前の類書には見られぬ特色を示すことになったであろう。個々の事項は三氏の執筆になり、組織を立てることと組織立てる説明の文章はわたくしが執筆した。

肩がこらぬよう気楽に執筆してもらったから、読者はどのページでも興味の向くままに読んでいただきたい。全体としてはいちおう体系を立てておいたから、全体を通読されるならば、楽しい「仏教入門」となるであろう。

また学者の方々は、いままでいわゆる学者が見落していた数多くの事実がこの書のうちに提示されていることに気づかれるであろうから、こういう新進学者の所論に激発されて今後こういう方面をもっと開拓していただきたいと思う。今まで精緻《せいち》な仏教研究はいくらでも出ているが、社会的に高い見地から見るとピントが外れていると批評される場合が少なくなかったのではなかろうか？

いろいろな意味で新たに興味をわき立たせるこの書を御紹介できるのを喜ぶ次第である。

中　村　元

単行本としての再刊に際して

早いもので東書選書の一冊として『仏教語源散策』を刊行してから、ちょうど二十年になる。この間、諸方面からの要望に応《こた》える形で刊行した「散策」シリーズは計八冊を数える。おかげ様でどれも好評をもって迎えられてきた。

このたび、東京書籍からお話があって、そのうちの五冊（『仏教語源散策』『続仏教語源散策』『新仏教語源散策』『仏教経典散策』『仏像散策』）を新装単行本として刊行することになった。

執筆した当時の新進学者たちは現在、みな一流の学者となって活躍しているが、今、読み直してみても書かれている中身は全く古くなることはない。今回の再刊にあたっても、一、二の誤りを直した以外は手を加えることはしなかった。

気軽に読んでもらえる仏教入門書として、新しい読者や若い方々と出会える新たなスタートとなることをよろこんでいる。

平成十年六月　　中村　元

仏教語源散策　目次

I　日常生活に生きている仏教の観念

仏教の教義は深遠で難解であるといわれるが、われわれの祖先はけっこううまくそれを咀嚼《そしやく》し理解して、日常生活のうちに仏教教義の術語を生かしてもちいていた。ときには、はなはだしくゆがめられた意味でもちいられていることもある。つまり仏教の教えがそれだけ深く人びとの心のなかに浸透していたわけなのである。むずかしい教義の書物を必ずしも読まないでも、こういう用語を味わってみることがまた身近に仏教思想を理解する手がかりともなるであろう。

もろもろの観念のうちでも、A、仏教全般に通ずる基本観念は次の十三項目——「人間」、「無常」、「縁起」、「我慢」、「無我」、「業」、「輪廻」、「他生の縁」、「断末摩と四苦八苦」、「刹那」、「観念」、「百八」、「馬鹿」、B、特に大乗仏教に由来するものは次の六項目——「大乗」、「火宅」、「般若」、「外面似菩薩」、「上品・下品」、「醍醐味」とに分けられる。

（中村 元）

人《にん》間《げん》

現代の日常語として「人間」という場合、だいたいにおいて、「ひと」とか「人類」を意味している。「かれは人間ができている」という場合には、「人品」「人がら」の意味である。文字そのものから考えれば、「人間」とは「人の間」であるから、本来の意味としては、「人の住む所」「世の中」である。

仏典で「人間」と漢訳された原語にはどんなものがあるかみてみると、たとえばマヌシヤ・ローカ（manusya-loka）という語がある。マヌシヤは「ひと」、ローカは「世界」であるから、「人の世界」という意味である。

存在について哲学的な思索を展開したアビダルマ仏教の教義によれば、すべての生き物は、五ないし六の存在領域に属している。地獄・餓鬼《がき》・畜生・人・天の五つが五趣《ご》とよばれ、これに修羅《しゅら》を加えて六趣《しゅ》といい、これらの世界に生死をくり返すという輪廻《りんね》思想が説かれたことは、よく知られている。

右のように、「人間」は、生き物の存在領域の一つなのであるが、すべてこの意味でもちいられているのではない。たとえば、『倶舎論《くしゃろん》』十一巻には、次の文がある。

「人間五十年、下《げ》天《てん》一昼夜」

この「人間」の原語はヌリ（nṛ）で、その複数形がもちいられている。この場合の「人間」は、「人びと」の意味である。

戦国時代の勇将・織田信長《おだのぶなが》がドラマにえがかれると、かれは今川義元《いまがわよしもと》との桶狭間《おけはざま》の合戦に先立って、「人間五十年、げてんの内をくらぶれば、夢まぼろしの如くなり」と謡《うた》いながら舞をまう。この舞の「敦盛《あつもり》」の文句の典拠は、先の『倶舎論』であると思われる。

現在でも、わたしたちは、人生のはかなさをいうときに、「人間わずか五十年」とか「人間五十年」という言葉を口にするが、そのもとは『倶舎論』にさかのぼるのである。ところが、『倶舎論』のこの文章は、人間の寿命が五十年しかない、と論じているのではない。

アビダルマの教学では、「人間」は、須弥《しゅみ》山《せん》の四方にある東勝身《とうしょうしん》州、南贍部《なんせんぶ》州、西《さい》牛貨《ごけ》州、北倶盧《ほっくる》州という四つの州に住んでいる。南贍部州は閻浮《えんぶ》提《だい》ともいい、わたしたちはここに住んでいるとされる。北倶盧の人は、寿命が千歳、西牛貨の人は五百、東勝身が二百五十、南贍部には定限がない。世界の初めには寿命は長く、終末には十歳になってしまう。

下天というのは、須弥山中腹の四方にある四王天で、ここの一昼夜は人間の五十年に相当すると述べているのである。

サンスクリット文献一般で、「人間」の意でもちいられるのは、先に述べたマヌシヤである。これは「考えるもの」という意味である。マヌ（manu）もひろく人類をさし、また人類の始祖の名でもある。その他、マヌジャ、マーナヴァ、マーヌシヤ、プルシャ、ナラ、ジャナなども人を意味する語である。

西洋思想において、「人間」は、自然と対立するものとしてとらえられたり、神に従属するものとして把握されたりしたが、インド思想における「人間」は、神や自然、あるいは動物などと対立的にとらえられることがなかった。神々は、人間よりもすぐれた存在であるとされたが、人間を超越するものではなかった。

仏教思想も、こうしたインド思想一般の流れのなかにあり、「人間」は、自分の業によって、神にも動物にも、虫けらにもなると考えられた。総じて万物の一体観が顕著であった。

死すべきものとして、「人間」も、他の生き物と同一線上にあるとはいえ、もとより「人間」はそこにとどまるものではない。他の生き物と「人間」を区別するとしたら、「人間」が、自己を限りあるもの、みじめなもの、ちっぽけな存在であることを自覚しうる能力をもち、それがために尊厳な存在であることをも自覚しうる点にある。

日本人の思惟《しい》は、仏教思想の影響をうけ、「人間」は、自然や動物と調和しながら、その歩みをすすめてきたのである。現今は、このような考え方は放棄され、山は限りなく開発され、海や川は汚されるところとなった。このまますすめば、「人間」自体が滅びざるを得ない。「人間とは何か」という根源的な問を、あらためて問いなおさねばならない。

（松本照敬）

無《む》常《じょう》

「祇園精舎《ぎおんしょうじゃ》の鐘の声、諸行無常の響あり」——「無常」は、難解な仏教語のなかでは、一般の人びとにとって、比較的なじみの深い語である。

多くの場合、「無常」は、生命のはかなさ、もろさを嘆く意味の語としてうけとめられているようである。さらに、人生はたよりないもので、いつ死ぬかもわからないというところから、死と結びつけて考えられ、古典では、「無常」が死そのものを意味して使われている用例すらある。「無常の煙」といえば「火葬の煙」をさしており、「無常」には、何かしら暗いイメージがつきまとう。だが、本当に、「無常」にそのような意味あいが含まれているのであろうか。

「無常」のサンスクリット原語は、アニティヤ（anitya）である。アニティヤは、ニティヤという語に、否定の意味をもつ接頭辞のアが加えられてできている語である。そして、ニティヤは、「常の」「永久の」「恒久の」「永遠の」「不変の」などを意味する形容詞である。アニティヤは、それらの内容を否定するもので、「常でない」「非永遠的な」「一時的な」などの意味をもつ。

「諸行無常」は、「われわれが経験するすべてのものは恒久的でなく変化する」という意味であり、ただちに死と結びつく意味をもってはいない。

仏教の仏教たるゆえんを示す三つのスローガンを三法印《さんぼういん》とよぶが、「諸行無常」はその一つである。この世において、生きとし生けるものも、またそれらが住んでいる世界も、すべては時の流れとともに移り変わってゆく。変化する現象を超越する固定的な実体は存在しない。このような現実把握は、仏教の出発点となるものであった。

われわれは、外界の事物を固定的なものとしてながめる習慣がついている。しかし、実際のところは、固定的で永遠不変のものは存在しない。太陽はさんさんとして輝き、変わりなく光をわれわれにふりそそぐかのように見えるが、これとても永遠ではありえない。太陽が滅び去れば、われわれの住む地球も、滅びざるを得ない。いや、そんな大きな対象を考えてみるまでもない。われわれの身のまわりを見わたしてみれば充分すぎるほどである。コップはこわれるし、洋服や靴はすぐにすり切れる。

人間も同様である。いつまでも若いままでいることはできない。あっという間に年をとる。年をとるほどに月日の過ぎ去ることの早いのに驚かされる。この事実は、いかんともなし難い。

仏教の「諸行無常」は、万物が変化するという事実を、ありのまま述べているだけであり、とくにむずかしい思想をふりかざしているのではない。また、人生のはかなさを悲観的にながめろというのでもない。生じたものは必ず滅する、すべては変わってゆくという事実を正しく把握した上で、限りある生命に無限の価値を見出《みいだ》そうとするのが「諸行無常」の意味なのである。

もしも、人間の生命が永遠であり、限りなく続くとしたらどうであろう。地球上が人間で埋まるなどという議論はさておくとしても、人間は働く必要もなくなり、何かをしようとする努力を放棄してしまうだろう。限りあるからこそ生命は大切にせねばならないのであり、短いからこそ貴重であるといえるのである。

「無常」であるから、人間が努力して変化向上する可能性も見出せるのである。すべては刻々と変化するから、一瞬たりともおろそかにできない。「無常」は、仏教の基本的人生観を示す語であり、仏教の努力主義を裏づけるものなのである。

（松本照敬）

縁《えん》起《ぎ》

「こいつは春から縁起がいい」とかいうとき、仏教の最も重要な術語の一つをもちいているのだと明確に意識する人はよほど特殊な人であろう。一般に、「縁起」という言葉は、「縁起がよい」とか、「縁起が悪い」とかいうようなコンテクストでもちいられるが、主として吉祥《きっしょう》なること、おめでたいことをさす。

「縁起が良い」という表現は、よく考えてみると、「まわりあわせが良い」という意味であることがわかる。さらに、仏教を多少とも勉強した人なら、縁起とは縁《えん》（因《いん》縁《ねん》）によって起こるという意味で、仏教の最も基本的な考え方の一つであるということを知っている。

縁起の原語は、サンスクリット語のプラティーティヤ・サムトパーダ（pratītya-samutpāda）である。つまり、縁起はそういうサンスクリット語の中国語訳であるわけである。他に依存して生起するということである。すなわち、いかなるものでも他に依存して生ずる、あるいは存在している、というのが縁起説である。たとえば、自己と他者というが、自己という存在は他者が存在しなければ存在し得ない。また、反対に、他者というものは自己というものが存在しなければ存在し得ない。また、夫婦というものも、夫があってはじめて妻があり、妻があってはじめて夫があるのである。はじめから夫や妻というものが存在するわけではない。このようにすべてのものは相互に関連して存在している。あるいは、何かが生起するときでも、それには必ず何かの原因があるはずである。この縁起説は、次のような表現でまとめられている。

「これが存在すれば、あれも存在する。
　これが生ずれば、あれも生ずる。
　これが存在しなければ、あれも存在しない。
　これが滅すれば、あれも滅する」

このように、相互に依存しあって存在する、あるいは生起する、あるいは生滅する、というような関係が縁起なのである。

釈尊《しゃくそん》は、菩提樹《ぼだいじゅ》の下で、十二縁起（因縁）の理《ことわり》を観想して悟りを開いたといわれる。十二縁起というのは、縁起の理をもちいて、苦しみの根本原因が無明《むみょう》（根源的無知）であるとつきとめ、無明を滅すれば、苦が滅すると観ずるのである。十二というのは、無明、行《ぎょう》、識《しき》、名色《みょうしき》、六入《ろくにゅう》、触《そく》、受《じゅ》、愛《あい》、取《しゅ》、有《う》、生《しょう》、老死《ろうし》である。

わたしたちの日常生活において、なぜ苦しみがあるのか？　老と死があるからである。それならなぜ老死があるのか？　生まれた（生《しょう》）からである。なぜ生があるのか？　有があるからである。なぜ有があるのか？　執著《しゅうじゃく》（取《しゅ》）があるからである。なぜ執著があるのか？　渇愛（愛）があるからである。なぜ渇愛があるのか？　感覚（受《じゅ》）があるからである。なぜ感覚があるのか？　接触（触《そく》）があるからである。なぜ接触があるのか？　六つの知覚器官（六入《ろくにゅう》――眼・耳・鼻・舌・身・意）があるからである。なぜ知覚器官があるのか？　精神と肉体（名色《みょうしき》）があるからである。なぜ精神と肉体があるか？　識《しき》（われわれの認識を成り立たせるもの）があるからである。なぜ識があるのか？　人間の行為（行《ぎょう》）があるからである。なぜ人間の行為があるのか？　われわれの意識の根底に、無明《むみょう》があるからである。――以上のように観ずることによって、結局、一切の苦の根源は無明であることがわかる。逆にいえば、無明を滅すれば、順を追って、苦悩も滅することになる。

（上村勝彦）

我《が》慢《まん》

今日では、我慢という言葉は一般によい意味でもちいられる。辛抱するという意味である。「じっと我慢の子であった」などという文句がはやったこともある。しかし、本来はやはり仏教語であり、あまり好ましい意味の言葉ではない。『佛教語大辞典』には、ずらりと悪い意味が並んでいる。我慢とは、自己の中心に我《が》があると考え、その我をよりどころとして心が驕慢《きょうまん》であること。おのれをたのんで心のおごる煩悩《ぼんのう》。自らをたのむ慢心。七慢の一つ。等々と説明されている。

七慢の一つとあるが、七慢というのは次の七である。

①劣った他人に対して自分が勝《まさ》っているといい、等しい他人に対して自分は等しいという「慢」。

②等しい他人に対して自分が勝っているといい、勝っている他人に対して自分は等しいという「過慢」。

③他人が勝っているのに対してさらに勝るという「慢過慢」。

④我あり、我が所有ありと執着しておごりたかぶる「我慢」。
⑤いまだ悟っていないのにわれは証得しているという「増上慢」。
⑥他人がはるかに勝っているのに対し、自分はわずかしか劣っていないという「卑慢」。
⑦悪行をなしても悪をたのんでおごりたかぶる「邪慢」。

すなわち、我慢というのは七慢のうちの第四番目であるという。「我慢」という語は、漢訳仏典の中でよく、マーナ（māna）というサンスクリット語の訳語としてもちいられている。しかし、「慢」という語自体が「マーナ」の音訳であるから、「我慢」を「マーナ」の訳語としてもちいるのは、厳密にいえば、正しくないわけである。「我慢」が、アートマ・マーナ（ātma-māna）というサンスクリット語としてもちいられている例もあるが、こちらの方が正確である。「アートマン」というサンスクリット語が「我《が》」と漢訳されて、「マーナ」が「慢」と訳されているわけである。

アートマンというのは、バラモン教において個人の中心主体と考えられていた超越的な原理である。そして、それがとりもなおさず、宇宙の根本原理たるブラフマン（梵《ぼん》）に他ならないとみなされていた。ところが、仏教徒は無我《むが》説（「無我」の項参照）を主張して、アートマンというような超越的な原理を認めなかった。そこで、自己の中心にアートマン（我）が存在すると考え、それに執着するエゴイスティックな感情を「アートマ・マーナ」、すなわち「我慢」とよんで軽蔑《けいべつ》した。

アートマンは、一般には単に「自己」という意味でもちいられている。そこで「アートマ・マーナ」のもう一つの解釈として、「我《われ》ありと考えて慢心すること」という意味が出てくる。いくつかの仏典には、「アスミ・マーナ」の訳語として「我慢」という漢訳語がもちいられている。「アスミ」（asmi）というのは、「ある」という意味の語根「アス」（√as）の直説法現在第一人称単数で、「私は存在する」という意味である。そこで、「アスミ・マーナ」も、やはり「我ありと考えて慢心すること」という意味になる。

「我慢」のもう一つの原語として、「アハンカーラ」（ahaṃkāra）というサンスクリット語がある。「アハム」（aham）というのは、「私」という意味の代名詞で、「カーラ」（kāra）というのは「作ること」である。自分が存在すると考える特殊な機能、すなわち、自我意識のことを「アハンカーラ」という。これはサーンキヤという哲学派の術語であるが、中国で「我慢」と訳されたのである。

このように、仏教では、「我慢」という語は悪しき意味でもちいられてきた。ところが、我が強いということで負けぬ気の強いことを意味するようになり、しだいにガンバリがきくこと、辛抱することを意味するようになったものであろう。

（上村勝彦）

無《む》我《が》

われわれはよく「無我の境」とか、「無我夢中」とかいうような表現をもちいる。国語辞典によれば、「無我の境」とは、「自分の存在を意識しない状態。忘我の境地」という意味であり、「無我夢中」とは、「ある物事に熱中して他の物事を顧みないこと」という意味であると説明されている。また、「無我愛」という言葉がある。自分のことを考えない純粋な愛であるという。われわれは、とかく利己的なもので、恋愛においても実は恋人を愛しているのではなく、自分自身を愛している場合が多い。だから、自分のことを考えない真実に純粋の愛といったら、まことに稀有《けう》な愛なのである。

無我というのは我《が》の無いことであるが、それでは「我《が》」とは何か？　自分のことではないかと考えられるかもしれない。それはある意味では正しい。だが、この「我」という言葉が、実はきわめて深刻な問題をはらんだ重要な哲学的用語なのである。

ここで話は釈尊《しゃくそん》（ゴータマ・ブッダ）以前の古代インドにさかのぼる。そのころ、インドの知識階層、すなわちバラモンの間では、ウパニシャッドとよばれる一連の哲学的文献がつくられた。そのウパニシャッド諸文献で、梵《ぼん》（ブラフマン）とともに最も重視されていた原理が我《が》（アートマン）なのである。梵は宇宙の根本原理であり、我は個人の中心主体である。やがて、その両者は一体とみなされ、宇宙の根本原理がとりもなおさずわれわれの本体であるとする梵我《ぼんが》一如《いちによ》の思想がウパニシャッドの中心思想であると考えられるようになった。仏教徒は我（アートマン）をもっとも恒常的なものとして絶対視するバラモン教学に対抗し、ことさら無我説を主張した。すなわち、無我の原理は、アートマン（ātman）の否定、アナートマン（anātman）である。仏教は無常を説き、およそ恒常なるものの存在を否定した。仏教によれば、絶対なる唯一の原理、中心主体など存在しない。すなわち無我である。無我を説く仏教は、当時の知識人にとってはエポックメーキングなものであり、非常に新鮮な印象を与えたことであろう。

先に述べたように、無我の原語はサンスクリット語アナートマン（anātman）、パーリ語ではアナッタン（anattan）である。中村元博士は、初期の仏教においては、けっして「アートマン（我）が存在しない」とは説いていないとする。ウパニシャッドの哲学がアートマンを実体視し、客体的な機能的なアートマンを考えていることに対して、仏教の側が反対したのである。アートマンが存在するかしないかという形而上学《けいじじょうがく》的な問題に関しては、釈尊は返答を与えなかったといわれている。すなわち、「無我」とは、アートマンが存在しないというのではなく、我《が》でもないものを我《が》とみなしてはならないという考え方であり、「われという観念」、「わがものという観念」を排除しようとしたのである。（中村元著『佛教語大辞典』参照）

しかしながら、後世になるにしたがって、先に述べたように、「アートマンは存在しない」という意味の無我説が確立したのである。

大乗仏教においては、無我説は空観《くうがん》と結びつけられ、無我とは事物に固定的実体がないこと、無自性《むじしょう》の意味であると考えられるようになった。

（上村勝彦）

業《ごう》

「業」という言葉はあまりよい意味でもちいられていない。「業が深い」とか、「業に沈む」とか、「自業自得」とか、「業腹《ごうはら》」とか、いずれもかなり悪い意味でもちいられている。それにしても、日本人は「業《ごう》」という言葉を非常に愛する国民である。「業」という言葉には、何か日本人好みの宿命的、悲劇的な暗いイメージがつきまとう。

業の原語は、サンスクリット語のカルマンで、単に「行為」という意味である。古代インドでは、われわれが何かよい行為をすれば、現世あるいは来世においてよい果報があり、悪いことをすれば悪い果報があると信じられていた。そして、現世における幸福や不幸は前世における善業や悪業の結果であると考えられた。この善悪の行為はある潜在的な余力をもつとされ、この業の持つ力（業力《ごうりき》）も「業」とよばれることがある。この業の力は過去・現在・未来にわたって存続してはたらくとされた。かくて、業による輪廻《りんね》思想が生まれたのである。

よいおこないをすれば来世においてよい果報があるのだから、現世において善業を積まなければならないと考えれば、業思想は人間に道徳的な行為を勧める積極的な役割をはたすことになる。しかし、その反面、われわれの運命は前世になした行為によって決定しているのだから、いくら努力しても無駄だと考える宿業説になると、業思想は消極的な宿命論になってしまう。業思想が宿命論、決定論と結びついた典型的な例が、釈尊に前後してかつやくした六師外道《ろくしげどう》の一人のゴーサーラの場合である。かれは、人間をはじめとするあらゆる生物の意思や努力は支配力をもたず、かれらは運命と本性に支配されていると説いた。そして、すべての生物は定められた無限に長い期間、輪廻を続けたのちにはじめて解脱《げだつ》を実現することができるのであり、それまではいかなる個人的努力も効果がないと主張したのである。しかし、おもしろいことに、ゴーサーラ自身は厳格な苦行を実行したといわれている。そこで、かれは単なる努力無用論者ではなかったのではないかという意見がでてくる。

六師外道でも、アジタやプーラナは善業や悪業の果報自体を否定した（「外道」の項参照）が、かれらはむしろ例外であって、インド文化一般では業思想は輪廻《りんね》思想と結びついて後世にいたるまで多大な影響を及ぼし続けた。そして、つねにその積極的な面と消極的な面との、相反する二つの性格をあわせもっていた。

このように、業思想はインド一般のものであったが、その考え方が仏教にもとり入れられたのである。

（上村勝彦）

輪《りん》廻《ね》

かつて三島由紀夫《みしまゆきお》は、その最後の作品となった長編小説『豊饒《ほうじょう》の海』について、プルーストの大作『失われた時を求めて』のテーマが時間であるのに対し、自分の作品のテーマは輪廻であるという趣旨のことを語った。

輪廻の原語はサンスクリット語のサンサーラ（saṃsāra）である。「流れること」という意味で、「流転」とも訳される。古代インド人は、生あるものがさまざまな形態の生をくりかえすことを、サンサーラとよんだ。よいおこないをすれば、次の生でよりすぐれた人間や天人に生まれかわることができ、悪いおこないをすれば、より下等な人間や動物に生まれかわってしまう。だからよいおこないをしなければならない、というのが業《ごう》（「業」の項参照）や輪廻思想の積極的な面であった。

しかし、たとえ天人に生まれかわったとしても、寿命が尽きれば結局死ななければならない。（ちなみに、天人が死ぬときに示す五種の徴候を「天人五衰《てんにんのごすい》」という。）そして、また他の生を転々とさまよって、永久に生・老・病・死の恐怖をくりかえさなければならない。その輪廻の恐怖からいかにのがれ出るか、ということがインドの宗教家の最大の課題であった。輪廻の束縛から解放されることが、解脱《げだつ》（モークシャ）である。

輪廻はしばしば苦の生存そのものと同一視される。そして、インド一般の文献では「サンサーラ」という語がうつろいやすい「生存」（bhava）の意味にもちいられている例が多い。さらに、俗世間、現世、というような意味にももちいられている。仏典にもそういう例があるにちがいない。ところが、多くの漢訳者は、「サンサーラ」とあると一律に「輪廻」と訳してしまったであろう。だから、漢訳仏典に「輪廻」と訳されていても、必ずしも「次々と生まれかわる」という意味の術語をさすとは限らないから、この点注意する必要がある。

インドは説話の宝庫といわれるほどだが、そのほとんどが、輪廻転生を背景にしているといっても過言ではない。天人が呪詛《じゅそ》などにより人間に生まれかわって、人間と恋をして子どもをつくり、呪いの有効期限が切れたとき、また天にもどっていく、というような物語は枚挙にいとまがない。なかでも、七世紀の文豪バーナの長編伝奇小説『カーダンバリー』の主要な登場人物は、いずれも二回、三回の輪廻転生をくりかえすことになる。

（上村勝彦）

他生《たしょう》の縁《えん》

「袖《そで》振り合うも他生の縁」という。われわれが通りを歩いているときなど、人と袖がふれ合うのも宿縁によるものだ、という意味である。すなわち、ちょっとした出来事も、すべて宿世《すくせ》の因縁によるということである。

二、三の国語辞典で「たしょうの縁」という項を見てみると、「多生の縁」とあり、ある辞書には「他生の縁」は「多生の縁」の誤用と出ている。そして、「前世で結ばれた縁」と説明されている。しかし、もし「たしょうの縁」が前世で結ばれた縁のことであるとしたら、「他生の縁」の方がよさそうに思われる。

多生とは、文字通り「多くの生」を意味する。すなわち、いくたびも生まれかわってさまざまな生をうけること、あるいはさまざまな生の一つ一つ、あるいはそのさまざまな生のすべてをさす。そうしてみると、「多生の縁」とは過去・現在・未来にわたる無数の生存の、一つ一つにおいて縁があること、あるいはその期間ずっと縁があり続けるという意味である。けっして二、三の国語辞典で説明されているように、

「前世で結ばれた縁」だけをさすわけではない。その点、『日本国語大辞典』には、「多くの生を経る間に結ばれた因縁」と「多生の縁」の正しい解釈がなされている。「他生の縁」という場合、「他生」というのは現在の生以外の他の生、すなわち、前世か来世のうちのいずれかにおける縁ということになる。この際、来世における縁は、いまだ経験されたわけではないから、何の結果も生ずることもなく、現在の生に対して影響力をもたない。すなわち、「他生の縁」というと、主として、前世における因縁をさすのである。だから「前世に結ばれた縁」という説明は、「他生の縁」という言葉の解釈としてのみ適切であることになる。そして、「袖振り合うも他生の縁」という場合、たいてい前世における因縁(かかわりあい)が問題になるのだから、やはり「他生の縁」のほうが正しいようである。

しかしながら、それだからといって「多生の縁」という表現を抹殺すべきであるというわけでない。「多生の縁」という言葉が古典でももちいられている例もあるのだから、それはそれで誤りではないのである。その場合は、「多くの生を経る間に結ばれた因縁」という意味になる。ただ、「他生の縁」は、「多生の縁」の誤用であるということはいえないと思うのである。

(上村勝彦)

断末摩《だんまつま》と四苦八苦《しくはっく》

近松門左衛門《ちかまつもんざえもん》の『曾根崎心中《そねざき》』に、「よはるを見れば両手をのべ、だんまつまの四苦八苦」というくだりがある。断末摩も四苦八苦も、いずれも非常な苦しみを経験することをいう。

断末摩とは、末摩《まつま》を断つことである。末摩はサンスクリット語のマルマン(marman)の音訳で、死穴、死節とも意訳される。古代インドの医学書によれば、身体の中にはマルマンという、生命をつかさどる十か所の中枢部があって、そこを傷つけられたら死ぬと考えられていた。マルマンの数については、十か所という説の他にも、六十四か所、あるいは百二十か所という説もあり、その他にも諸説ある。マルマンは「ムリ」(√mṛ「死ぬ」という意味)という動詞語根からできた名詞である。そこを断たれたら死ぬということで、転じて、人が死ぬときの最後の苦しみを断末摩という。断末摩の原語は、サンスクリットのマルマッチェーダ(marma-ccheda)で、「マルマンを切ること」という意味である。

つぎに、四苦八苦とはどういう苦しみであろうか？　四苦というのは四つの苦しみ、すなわち、根本的な苦である生《しょう》・老《ろう》・病《びょう》・死《し》のことである。この四つの苦しみは何人《なんぴと》といえども避けることのできないものである。ところで、老・病・死が苦であることはわかるが、生まれることがなぜ苦しみなのだろうか？　子どもを産むとき、母親がはげしい苦痛を経験するのはたしかであるが、生まれる子どもも苦しいのだろうか？それにしても、子どもを産む母親が苦痛と同時にほのぼのとした喜びを経験するように、もし赤児に意識があったとしたら、その子も苦痛を経験すると同時に、未来に対する希望を感ずるはずである。それなのに、どうして苦なのだろうか？　しかし、そのように考えるべきではないのかもしれない。古代インド人の考え方は、われわれとは違っていたはずだ。

この世に生をうけるということは、また老・病・死の苦しみをうけることである。そう考えれば、生まれること自体が苦である、といわねばならぬ。四苦を一つずつ独立したものと見るべきではない。生まれて、老いて、病気になり、そして死ぬ。それが人間存在に限らず、すべての生物にとっての運命的な苦しみなのである。老いても死を予測しなければ苦ではないかもしれない。病気になっても、それが若いときで、一時的なものであったら、それほどの苦ではない。死んでも、それきりだったら、古代インド人はそれほど恐れはしなかったであろう。死んだらまた生まれる。そしてまた同じ苦しみを経験する。輪廻《りんね》のあるかぎり、そういう苦しみが永遠に続く。それこそが古代インド人の意識に常にあった根源的な苦しみであったのだ。

八苦というのは、この四苦に、愛別離苦《あいべつりく》、怨憎会苦《おんぞうえく》、求不得苦《ぐふとくく》、五蘊盛苦《ごうんじょうく》の四つの苦を加えたものである。愛別離苦とは、愛するものと別離することの苦しみである。怨憎会苦というのは、嫌悪している人と会うことの苦しみである。求不得苦というのは、何かが欲しくても手に入れることができない苦しみである。五蘊盛苦というのは、人間の身心を構成している五要素（五蘊、五陰《ごおん》――色《しき》・受《じゅ》・想《そう》・行《ぎょう》・識《しき》）から生ずる苦しみである。〔五蘊というのは五つの集まりという意で、人間存在を含めて、あらゆる存在は①物質的なもの（色）、②感受作用（受）、③表象作用（想）、④潜在的心作用（行）、⑤認識作用（識）の五つの構成要素から成り立っているとされる。〕

苦というのはサンスクリット語ドゥッカ（duḥkha　パーリ語 dukkha）の漢訳語であるが、四苦八苦にあたるサンスクリット語はないようである。

（上村勝彦）

刹《せつ》那《な》

刹那という言葉は、現在でははなはだ快楽主義的な意味でもちいられている。「かれはひどく刹那的な気持ちになった」とか、「彼女は刹那主義だ」とか表現する。刹那主義とは、過去や未来のことを考えずに、現在の瞬間瞬間を楽しくすごそうという考えかたである。このように、「どうせ死ぬのだ。今のうちに楽しまなくちゃあ」とか、「将来のことはどうなるかわからないのだ。現在のこの一瞬が大事なのだ」というぐあいに考えて、セックスなどの快楽におぼれて、あとのことを考えないような生きかたを、刹那主義とか刹那的という場合が多いようである。この場合、刹那主義は快楽主義的とはいっても、ニヒリスティックで絶望的なニュアンスが強い。死などの決定論的・宿命論的な要素と結びついているからである。しかしながら、刹那主義の効用というべき面もある。過去のことにいつまでもクヨクヨせず、また明日ありと思う心をもたず、現在の一瞬一瞬に充実した生きかたをしていくことは、たしかに好ましいことである。そして、その一瞬一瞬が積み重なって、よい結果を生むのである。

このような生きかたを刹那主義とよんでもよさそうである。

刹那というのは、サンスクリット語クシャナ（kṣaṇa）の音訳である。

クシャナというのは、きわめて短い時間の単位である。『大毘婆沙論《だいびばしゃろん》』や、『倶舎《くしゃ》論《ろん》』などの代表的仏典には、次のような時間の単位が説かれている。〔（　）内はサンスクリット原語〕

百二十刹那（クシャナ）が一怛刹那《たんせつな》（タットクシャナ）
六十怛刹那が一臘縛《ろうばく》（ラヴァ）
三十臘縛が一須臾《しゅゆ》（ムフールタ）
三十須臾が一昼夜
三十昼夜が一か月
十二か月が一年

すなわち、一昼夜を二十四時間とすれば、一須臾は四十八分、一臘縛は一分三十六秒（48／30分）、一怛刹那は8／5秒、一刹那は1／75秒ということになる。

すなわち、この計算によれば刹那は七十五分の一秒ということになるが、一説によれば、力の強い男が一回指をはじいた（一弾指《だんじ》）間に六十五刹那が存するという。故に、一弾指の六十五分の一を一刹那とするともいう。

また、『大毘婆沙論』には、「二人の成人男子が、何本ものカーシー産絹糸をつかんでひっぱり、もう一人の成人男子が、シナ産の剛刀でもって、一気にこれを切断するとき、一本の切断につき、六十四刹那が経過する」（定方晟『須弥山と極楽』九九ページより引用）と、いかに刹那が短い時間であるかが述べられている。カーシーとはインド古代の国名で、ベナレスがその都市であった。現在に至るまで、絹の名産地として有名である。シナ産の剛刀とあるが、実際そのころ中国から刀がインドに輸入されていたかどうかは疑問である。

時間の計算法にはいろいろな伝承があって、インドのプラーナ聖典や天文学書などの間にも多くの異説がみられる。古代インドにおいては、時間計算の基準はマチマチであり、学系によってははなはだしく異なっていたのである。刹那（クシャナ）といえども、けっして時間の最小単位と考えられていたわけではない。たとえば『バーガヴァタ・プラーナ』（三・一一・六―七）によれば、三〝ラヴァ〟が一〝ニメーシャ〟(瞬《じゅん》)、三〝ニメーシャ〟が一〝クシャナ〟とされたのである。そして、〝ラヴァ〟よりもさらに小さい単位名もいくつかあげられている。こうなると何が何だかわからなくなり、「刹那的な気持ち」になって、どうでもいいや、酒でも飲もう、ということになってしまう。

（上村勝彦）

観《かん》念《ねん》

日常語としての「観念」は、二つの意味でもちいられている。

一つは、心のなかに浮かぶ「考え」「想い」という意味である。これは、哲学の術語としての「観念」が日常語化したものと思われる。哲学における「観念」は、思考の対象となる表象、意識作用を意味している。牛の観念とか、本の観念とかいうたぐいであり、哲学がわが国に輸入された際に、ギリシア語のイデアから派生したアイデア、イデーなどのヨーロッパ語の訳語として、仏教語の「観念」をあてたものである。観念論的などという語は哲学だけでなく、一般的にもなじみ深い語となっている。

「観念」のもう一つの意味は、「あきらめる」とか「覚悟する」である。「スリが刑事に腕をつかまれて、もはや逃げられぬと観念した」などという場合がこれである。

考えの「観念」も、あきらめる「観念」も、もとは仏教語の「観念」である。それでは本来の「観念」には、どんな意味があるのであろうか。

「観念」のサンスクリット原語は、スムリティ（smṛti または アヌスムリティ

anusmṛti）である。これは、動詞の語根スムリ（√smṛ）から派生した女性名詞である。動詞のスムリには、「記憶する」「想い浮かべる」などの意味がある。スムリティは、たんに「念」と漢訳されることが多いのであるが、「記憶」の意味ではなく、「想い浮かべる」ほうの意味であることをはっきりさせるために、「観」という字が付加されるようになったのではないかと想像される。「観念」は、「心に想い浮かべること」の意味である。

インドにおいては、古くから、精神統一をはかるヨーガの行が行われてきた。瞑想《めいそう》を深めて、絶対静寂の境地に到達しようとする修行法である。ヨーガ行は、インドの諸宗教にとり入れられたが、このような瞑想法の一つとして、ウパニシャッドには、ウパーサナが説かれている。ウパーサナは、「崇拝」とか「念想」と訳される語で、宇宙の本体であるブラフマンとわれわれ自身とが本質的に同一であることを念じて、絶対者ブラフマンと合一しようとする方法をさす。

仏教においても、ブッダのすがたや功徳を想い浮かべ、みずからをブッダに近づけようとする修行は、早くから行われていたと思われる。たとえば、『増一阿含経《ぞういちあごんきょう》』広演品には、仏のすがたやその功徳を想い浮かべる修行によって、涅槃《ねはん》にいたることが説かれている。

仏を想い浮かべるのを「念仏」というが、これはとくに浄土《じょうど》教系統の経典において強調された。対象としての仏は阿弥陀仏《あみだぶつ》が代表的であり、極楽浄土のようすなどを観念する方法も説かれた。

密教においては、三密加持《かじ》と称して、本尊のすがたを心に想い浮かべ、口に真言をとなえ、手に印契《いんげい》を結んで本尊と一体になることを説き、観念を重視した。

このように、仏教の「観念」は、仏や菩薩《ぼさつ》のすがた、名称、浄土の相、あるいは真理などを対象として観想し、思念することを意味している。ここから、「深く心におもいをこらす」という意味が生ずる。深くおもいをこらして思念すると、ある事実に対してその結果をはっきりと知ることができる。結果が把握されることによってあきらめもつく。こうして「観念」に「あきらめ」の意味が生じて、一般的な用語となったのである。

（松本照敬）

百《ひゃく》八《はち》

大みそかの夜、全国各地の寺院で、除夜の鐘が打ちならされる。夜のしじまをやぶってゴオーン、ゴオーンと響きわたる鐘の音は、古き年の終わりを告げる風物詩として、印象深いものである。この鐘をつく回数は、百八回であるので、除夜の鐘は、百八の鐘ともよばれている。

「百八」という数は、このほかにもいろいろある。念珠は、珠《たま》の数がきまっていて、多いのも少ないのもあるが、僧侶《そうりょ》が儀式用に使う念珠の珠の数は、「百八」である。

精神統一をあらわす語の一つに三昧《さんまい》というのがあるが、『大般若経《だいはんにゃきょう》』や『大智度《だいちど》論《ろん》』には、百八の三昧が列挙されている。密教の金剛界マンダラの成身会《じょうじんね》に配される仏ボサツなどの総数は、百八尊である。

真言密教の予備修行（加行《けぎょう》）において、最初に行うのを礼拝行というが、この行では、日に三度、念珠をすりながら百八回の礼拝を行う。また、仏ボサツの真言を唱える場合にも、百八遍唱えることが多い。

「百八」は、仏教においてのみ尊重されるのではない。バラモン教の聖典であるウパニシャッドをとりあげてみても、「百八」という数がみられる。

たとえば、『ムクティカー・ウパニシャッド』一・二九には、もしこの身のままで解脱するのを望むなら、百八のウパニシャッドを読誦《どくじゅ》せよ、と記されている。念珠を受持することによる果報を説く『ルドラ・アクシャ・ジャーバーラ・ウパニシャッド』一七には、念珠の珠の数が百八であることが記されている。念珠の百八珠が仏教だけでないことがわかる。

そのほか、『ラーマ・ラハシヤ・ウパニシャッド』一・八に、英雄ラーマの名が百八であるとか、ドゥルガー女神を賛美する『デーヴィー・ウパニシャッド』二〇に、この女神の修行儀軌が百八遍である、と記されるなど、「百八」という数をあげるものは少なくない。

「百八」を尊ぶのが仏教だけでないとすれば、さらにその淵源《えんげん》をたずねてゆくことも可能かもしれないが、あまり細道にふみ入らずに、めざす仏教の「百八」についてみてみよう。

「百八」は、煩悩《ぼんのう》の数をあげたものであるとされる。その数えかたは、さまざまである。

人間のもっている眼・耳・鼻・舌・身・意という六つの感覚器官が、色・声・香・味・触・法という六つの対象を把握するとき、好・悪・平（非好非悪）の三があり、十八となる。その一つ一つに染と浄の二つがあって計三十六となる。これにまた、それぞれ過去・現在・未来の三つがあって、合計百八の煩悩がある、とするのが一つの説である。

別の数えかたによれば、六つの感覚器官に、快感（楽）と不快感（苦）とそのどちらでもないもの（捨）の三種の感受があり、計十八、また、好・悪・平の三種があって計十八、あわせて三十六となる。これに過去・現在・未来の三種があるから、計百八になる、という。倶舎宗《くしゃ》では、修行階程によって煩悩を分類している。真理を誤認することなどから生ずる観念的な迷い（見惑《けんわく》）を八十八種数え、生れながらもっている煩悩で、修行によってのぞく迷い（修惑《しゅわく》）を十種数えて、九十八使とか九十八随眠《ずいめん》とかよぶ。これに、十種のまとわりつく煩悩（纏《てん》）を加えて、百八になる、とする数えかたもある。

ともかく、こうして煩悩が「百八」数えあげられ、その結果、除夜の鐘の「百八」も生じたのである。

除夜の鐘の「百八」については、一年の十二か月、二十四節気（一年を二十四等分したよび名——立春・春分・小寒などの類——)、および七十二候(一年を七十二分したもの)を合せた数とする説もあるが、やはり、百八の煩悩を鐘の音によってさます、という意に解したほうがしっくりくるような気がする。

(松本照敬)

馬鹿《ばか》

「馬鹿」という言葉の語源はよくわからない。もちろん「馬鹿」はあて字であるが、「莫迦」という字だって正字かどうかはあてにならない。一般には、「バカ」はサンスクリット語モーハ(moha)の音訳で、「慕何」、「莫訶」、「莫迦」、「婆伽」と書かれる、とされている。モーハは「謨賀」と音訳された例があるが、その他の場合はどうであろうか? モーハの語根〝ムフ〟(√muh)は迷うという意味で、モーハは「迷妄」、「錯乱」というような意味である。「癡《ち》」、「愚」、「愚《ぐ》癡《ち》」などと漢訳され、「無明《むみょう》」と訳されることもある。その意味内容からすると、馬鹿の原語はモーハであるとしてよさそうであるが、確証はない。

また、「バカ」の原語をサンスクリット語のマハッラカ(mahallaka)に求める説もある。その説によれば、マハッラカは無知という意味であるというが、実はマハッラカにはあまりそのような悪い意味はない。マハッラカという語は、サンスクリット語といっても普通にもちいられる言葉ではなく、「老年の」という意味の仏教梵語である。むしろ、尊敬の意味をこめてもちいられていたようである。「摩訶羅」と音写されたが、「バカ」などという音写例は皆無である。このような特殊なサンスクリット語をもち出してきたのは、どのような理由によるのであろうか？　『日本国語大辞典』には、その他にもさまざまな説をあげているが、いずれも通俗語源解釈で、定説になるにたるほどの説ではなさそうである。

その他にも、『新潮国語辞典』などには、サンスクリット語 baka からでた、という説があげられている。「バカ」(baka) というサンスクリット語はあることはある。バカというのはアオサギの一種で、学名は Ardea nivea である。この鳥は馬鹿どころではなく、大へんに用心ぶかく、賢い鳥として知られ、ずる賢い人、偽善者をこの鳥にたとえる。「バカ鳥のようにふるまう」というと、偽善家、ニセ信者のことである。だから、この鳥にはずる賢いというイメージはあるのだが、馬鹿というイメージにはほど遠いのである。ただ、荻原雲来《おぎわらうんらい》『梵和大辞典』には、baka-mūrkha という語がのっていて、「あおさぎのような愚者」と訳されている。mūrkha（ムールカ）は愚かという意味であって、バカ鳥を愚者にたとえているのである。たまたま愚かなバカ鳥の話が語られて、ちょうどそのバカ鳥のように愚かな、というコンテクストなのだろうか？

さらに、バカという名の有名な悪魔が二名ほどしられている。また、バカという名の聖者もいたが、いずれも馬鹿とは無関係であろう。

そういうわけで、「馬鹿」の語源は結局わからずじまいだが、今のところはモーハ説がやや有力のようである。

（上村勝彦）

大《だい》乗《じょう》

日本の仏教は大乗仏教であるといわれる。大乗の原語はサンスクリット語マハー・ヤーナ（mahā-yāna）で、「大きな（マハー）乗り物（ヤーナ）」という意味である。インドにおいて、従来の伝統的な仏教が非常に教理的になり、一般民衆の手のとどかないものになったとき、もっと大ぜいの人びとが救われるように、自分よりも先に他の人びとを救おう、というような菩薩行を強調したのが大乗仏教の運動である。かれらはみずから「大乗」と称し、従来の伝統的な教説を後生大事に守っていた保守派のことを「小乗」（ヒーナ・ヤーナ hīna-yāna ＝劣れる（ヒーナ）乗り物（ヤーナ））といって非難した。ここで注意しなければならないのは、伝統的仏教徒自身が、自分たちのことを「小乗」とよんだわけではないということである。かれらはかれらなりに、釈尊自身の教説を忠実に守っていると自認しているので、いわゆる小乗仏教に属するとされるセイロン、タイ、ビルマなどの仏教徒に対して、面と向かって「小乗」という言葉を使ってはいけないのである。

大乗仏教がいつごろおこったか、正確なところはまだわかっていないが、だいたい紀元前後ではないかとされている。

また大乗仏教がどこから出てきたかもよくわからないが、一般には、小乗仏教の一派、大衆部《だいしゅぶ》（「大衆」の項参照）にその源流を求める説が有力であった。たしかに、大衆部の教説は大乗のそれに似ている場合があるのだが、大衆部から大乗が出たという確証はない。また、その他にも、仏伝文学や仏塔信仰に大乗の源流を求める説も出されている。

いずれにせよ、大乗仏教は在家信者の側、一般民衆の側にウエイトをおいて出てきた仏教であるということができよう。従来の伝統的仏教は、資質のすぐれた修行僧のみが解脱《げだつ》するという、いわばエリートのための仏教であった。しかも、自分の解脱が目的で、他を救うということまで考えていなかった。もっとも、いわゆる小乗に属するとされる部派のジャータカ文献などの仏教文学にも、自分を犠牲にして他者を救うという利他行が述べられていて、その意味で大乗の源流といいうるのではあるが、現実の教団の一般的趨勢《すうせい》としては、阿羅漢《あらかん》中心のエリート主義にかたむいていたのである。

これに対し、大乗仏教では、すべての人びとがブッダ（覚者）になりうる素質をそなえているると考えた。ブッダとなりうる素質が自己にそなわっていることを自覚する人びとを、菩薩《ぼさつ》（ボーディ・サットヴァ）という。（ジャータカなどでは、釈尊の前生を「菩薩」とよぶ。）そういう人びとは同時に他の人びとをも菩薩にして、そうしてさらにさとりを開きしめたいと願うとされる。観音、文殊《もんじゅ》、普賢《ふげん》などの菩薩はすでにブッダとなる能力をそなえていながら、しかも成仏しないで衆生《しゅじょう》の救済を続けていくと考えられる。

このころになると、そういう菩薩の他にも、阿弥陀仏、弥勒《みろく》仏、薬師如来などのブッダが崇拝されるようになった。これらの仏・菩薩は従来の仏典には登場してこなかったのである。われわれ日本人に親《ちか》しい仏・菩薩の名は、大乗仏教の経典のなかではじめてあらわれたのである。そして、経典自体の崇拝も盛んになった。エリートでない修行僧や一般の信者は、仏塔、仏、菩薩、大乗経典などの超越的な対象にひたすら帰依することによって救済されることを願ったのである。

こうして大乗仏教の全盛期を迎えるわけだが、従来の伝統的仏教の諸派もいぜんとして存続していた。やがて、インドの大乗仏教徒のなかにも、きわめて難解な空理空論に没頭するものがおおぜい出てきた。もちろん高級な知的行為として、それはそれでよかったのだが、大多数の一般民衆の心はしだいに仏教から離れ、ヒンズー教やジャイナ教のほうへ移ってしまった。そのため、大乗仏教の方もヒンズー教的な考えかたを採用しなければならなくなり、密教が盛んになった。そして、回教徒の侵入が激しくなるにつれ、インド国内では仏教は急激におとろえ、大乗仏教は中国、日本、チベットなどの外国でのみもてはやされるようになった。

（上村勝彦）

火《か》宅《たく》

「火宅」は、わたしたちがいま生きている「この世」を表現する言葉である。サンスクリット原語にあたってみよう。

「火宅」の原語は、アーディープターガーラ（ādīptāgāra）である。アーディープタは、「燃え立つ」という意味の動詞アーディープ（ā-√dīp）の過去分詞形、アーガーラ（āgāra またはアガーラ agāra）は家である。したがって、「燃え立った家」の意味である。この世が燃え立った家であるとは、なんとすさまじい表現であることか。

この語の典拠は、『法華経《ほけきょう》』の譬喩《ひゆ》品である。では、さっそくそこにつづられている譬喩をながめてみよう。

釈尊は、弟子シャーリプトラに語りかける。――富裕な長者がいた。かれの家は大きく広かったが、はるか昔に建てられたものだったので、柱の根元は朽ちはてて、壁土はくずれかかっていた。しかも入り口が一つであった。

突然その家のあちこちから火の手があがり、家全体が火炎につつまれた。さあ大変だ。逃げなくてはならない。長者はぶじに逃れ出たのだが、まだ家のなかにはかれの子どもたちがおおぜいいるのだ。長者は心おののきながら考えた。「自分だけはどうやらすばやく逃げ出せたが、子どもたちは燃えさかる家のなかにいて、おもちゃで遊んでいる。家が燃えていることさえ知らない。なんとか助けなくては」。

かれは子どもたちによびかける。「おーい。子どもたちよ。家が焼ける。出でおいで。死んでしまうよ」。しかし子どもたちは幼い。なにがなんだかわからず、逃げようとはしない。

長者は考えた。「うまい手段を講じて子どもを助けなくてはならん」。そこで次のようにいう。「子どもたちよ。出ておいで。おもしろいおもちゃがたくさんあるんだ。牛の車、羊の車、鹿の車なんかもある。早くおもちゃをとりに出ておいで」。

子どもたちは、自分たちの欲しいものが手に入ると聞いて、いそいで燃えさかる家のなかからとび出してきた。長者は、子どもたちが無事であるのを知り、安心し不安はなくなった。

子どもたちはいう。「お父さん。早く車をくださいな」。長者は思う。「子どもたちは、みな同じくわが子。大切な子らである。差別することはできない」。こうして長者は、すべての子どもたちに、白い牛のひく大きくてりっぱな車を与えたのであった。
――

ここでたとえられる長者――父親――はブッダである。ブッダは、生老病死、憂い、悲しみ、苦しみ、悩みに焼かれているわれら衆生を導くために、この世に姿をあらわすのだ。

燃えさかる家はこの世である。この世は不快、苦しみによって燃え、朽ちはてた家さながらなのだ。子どもたちはわれら衆生。燃えさかる家にいながら、おもちゃに夢中で家が焼けるのをしらないように、苦しみ悩みに焼かれていながら、目先の快楽にとらわれている。苦しみのなかに転々としながら、遊びたわむれ、楽しみふけっているのだ。

ブッダはこのような衆生を見て考える。うまい手だてを講じて衆生を救おう。かれは衆生に三種の乗り物をしめす。教えを聞いてさとる者のための乗り物、ひとりでさとる者のための乗り物、大きな心をもってさとりを開く者のための乗り物である。衆生が三種の乗り物――教え――によって燃える家から出てきたとき、ブッダは白い牛のひく大きな車――真実なるただ一つの教え――を、わけへだてなくすべての衆生に示すのである。

『法華経』が編纂《へんさん》されてから、すでに数世紀が経過した。しかし、人間の苦悩はなくなっていない。相変わらず人間は、老い、病み、死んでゆくのである。将来も、人間の悩み、苦しみ、悲しみはなくならない。

『法華経』の時代より、いっそう問題はふえている。資源の涸渇《こかつ》、食糧危機、人口爆発、環境汚染、イデオロギーの対立――等々。世界は苦悩の炎によって燃えている。時代が変わっても、「火宅」であるこの世は、あかあかと燃え続けてゆくのである。

（松本照敬）

般《はん》　若《にゃ》

般若というと、恐ろしい形相をした鬼女の面を連想する人が多いであろう。しかし、どうして鬼女の面を般若とよぶようになったか、さだかなところはわからない。一説によると、奈良の般若坊という面打ちが作りはじめたということで、鬼女の面が般若とよばれるようになったという。

般若はサンスクリット語プラジュニャー（prajñā）、あるいはその俗語形のパンニャー（paññā）の音訳である。悟りをうる真実の智慧《ちえ》、存在のすべてを全体的に把捉《はそく》する直観的な智慧である。

話がとぶようであるが、京都市東山《ひがしやま》区に六波羅蜜寺《ろくはらみつじ》という真言《しんごん》宗智山《ちざん》派のお寺がある。九五一年、悪疫が流行した際、空也《くうや》上人が十一面観音像を刻んで祈禱《きとう》したのに始まるという。

六波羅蜜寺の名称は、大乗仏教で説く六波羅蜜《ろっぱらみつ》に由来する。波羅蜜《はらみつ》というのは、波《は》羅蜜多《らみった》の略で、サンスクリット語パーラミターの音訳である。パーラミターは、一般に「彼岸《ひがん》（パーラ）に到れる」という意味であると解釈されるが、「最上であること」（パーラマター）というのが本来の意味であるとする説もある。いずれにせよ、完全にして最上なるもの、あるいはその状態を意味する。菩薩の修行法として、一般に六種の波羅蜜（完成）があげられている。それが六波羅蜜である。六種の完成とは、(1)布施（ダーナ）の完成、(2)持戒（シーラ）の完成、(3)忍辱《にんにく》（クシャーンティ）の完成、(4)精進《しょうじん》（ヴィーリヤ）の完成、(5)禅定《ぜんじょう》（ディヤーナ）の完成、(6)智慧（プラジュニャー）の完成である。すなわち、第六番目の智慧の完成が般若波羅蜜（プラジュニャー・パーラミター）である。般若波羅蜜とは、完全にして最高の智慧のことである。布施、持戒、忍辱、精進、禅定の五波羅蜜は、方便（手段）としての実践活動にほかならない。それに対し、般若波羅蜜は、直接悟りに結びつく別格の波羅蜜で、他の布施などの五波羅蜜を成立させる根源的な叡智《えいち》なのである。

般若経というぼう大な大乗経典がある。般若経といっても玄奘《げんじょう》訳の『大般若波羅蜜多経』（大般若）六百巻のように般若部の諸経典を集大成した一大叢書《そうしょ》もあれば、一般によく知られている『般若波羅蜜多心経』（般若心経）のように小部のものもあり、一律には論じられないが、いずれも、菩薩の修行法としての般若波羅蜜を口をきわめてほめ讃《たた》えている。釈尊といえども過去世にこの般若波羅蜜を修行して仏陀となったのである。

仏陀は、般若波羅蜜によってすべての事物は空《くう》である（実体がない）と如実に理解したという。ここに、般若波羅蜜は空《くう》の思想と結びつく。

（上村勝彦）

外面似菩薩《げめんじぼさつ》

平安時代の末、「平家にあらざれば人にあらず」というほど平氏が権勢をほこっていたころ、平清盛《たいらのきよもり》の専横を憂える俊寛《しゅんかん》という名の僧がいた。かれは後白河《ごしらかわ》法皇を擁して清盛を打倒すべく、同憂の士と鹿ケ谷《ししがたに》で謀議をこらした。しかし、事は発覚して捕えられ、鬼界《きかいが》ケ島《しま》に流罪となった。一年後、赦免を知らせる使者がきたが、俊寛だけは許されず、ひとり島に残されて、ついにその島で没した。置きざりにされる俊寛がいっしょにつれていってくれと泣きくどくという場面は、能の題材としてとり入れられ、「俊寛」または「鬼界ヶ島」という名の能楽がある。

俊寛と謀議した者の一人に、平康頼《たいらのやすより》という人物がいる。この人はゆるされて都へ帰り、仏門に帰依して『宝物集《ほうぶつしゅう》』という書を著している。現存する『宝物集』は、康頼の原作ではないといわれるが、その書の下巻に、次のような文がみえる。

「女人地獄使　能断仏種子
外面似菩薩　内心如夜叉」

女性というものは地獄の使いである。仏となりうる可能性をたち切ってしまう。みかけは美しくやさしそうで、まるで菩薩のようであるけれど、その心のなかは邪悪で、おそろしい夜叉《やしゃ》のようである――との意である。

菩薩は、みずからのさとりを放棄して他者の救済にはげむ大乗仏教の理想とする修行者、夜叉は、人間に害悪をなす悪鬼である。いずれも仏教語なので、仏典の文句を引用したようにみえる。『宝物集』では、これを『華厳経《けごんきょう》』の文としているが、『華厳経』には該当句がない。そのほか、『宝積経《ほうしやく》』、『成唯識論《じょうゆいしきろん》』、『大智度論』など、さまざまの経典名のもとに引用されるのであるが、それらの経典にも見あたらない。そこで、わが国で経文のように見せかけてつくったものであろう、と考えられている。

インドでは、概して女性の地位は低いものとみなされていた。その一例として、インドの律法書で最も権威あるとされた『マヌ法典』をみてみよう。

それによれば、女性の本性は、男に対する熱情、移り気、生れながらの薄情によって、夫にそむくものである（九・一五）と規定されている。女性は幼くしては父に、若いときは夫に、老いては子に守られるべきである（九・三）と説かれ、独立の地位が認められていない。正規の手続を経て結婚しても、妻に病気があったり、処女でなかったりしたら、夫は棄て去ってもよい（九・七二）。不妊の妻は八年目に、子どもがみな死んだ妻は十年目に、娘ばかり生む妻は十一年目にとりかえてもよい。悪口をいう妻はすぐにとりかえてよい（九・八一）――という次第で、まったく女性の人権は無視されている。

このような社会的背景のもとに、女性は、梵天・帝釈・魔王・転輪王・仏の五者にはなりえない（五障）という考えが生れた。しかし、この考えかたは、すべての者がみな仏になりえるという大乗仏教の見解と相反するものである。そこで、女性は男性に姿を変えて仏になる、としてこの問題を解決しようとした。『法華経』提婆品《だいばぼん》には、龍王の娘が男身になって仏となったと説かれている。また、『無量寿経』の阿弥陀仏の四十八願の第三十五願は、女性が往生して極楽浄土で男身になるように、との願いである。

だが、男にならなければ仏にならない、という思想は、仏教の女性観全体をしめすものではない。

釈尊の養母マハープラジャーパティーが出家したいと希望したとき、釈尊は許可しなかった。そこでアーナンダ長老が、「女性はさとりを開くことができないか」と釈尊に質問した。釈尊は女性がさとりを得ることを肯定し、女性の出家が認められて、比丘尼《びくに》が誕生したのであった。女性の仏道修行者のなかに、男性をしのぐ優秀な人びとがおおぜいいたことが伝えられている。
『華厳経』の入法界品《にゅうほっかいぼん》は、善財《ぜんざい》という少年が、真実の教えを求めて、かずかずの師のもとを遍歴するというプロットであるが、教えを説く五十五人の師のうち、十一人までが女性である。また、『勝鬘《しょうまん》経』は、勝鬘夫人という王妃の説法が主たる内容である。

仏道を修行する上で、男女の区別はない、というのが、仏教の基本的立場であった。「外面似菩薩　内心如夜叉」は、男性の修行者にとって、女性はたいへん魅力があって、おぼれると修行の妨げになる、として戒めた文句として理解される。ところが、現代では、この文句は、「女は魔物だ」、「女はこわい」という意でもちいられている。その判断の是非については、読者諸賢にゆだねることとしたい。

（松本照敬）

上品《じょうひん》・下品《げひん》

上品とはいうまでもなく品性が立派なことで、下品というのは品性の下劣なことである。

仏教では普通、「じょうぼん」、「げぼん」と読む。インド人は昔から性質、能力などの優劣を上・中・下という具合に分類すること（その原語は種々様々である）を好むが、仏教でもそういう分類をとり入れたものである。とくに浄土教では九品《くほん》といって、浄土に往生するものを、その能力、性質などから九種類にわけ、それらを上品上生・上品中生・上品下生・中品上生・中品中生・中品下生・下品上生・下品中生・下品下生とよんだ。

上の上、上の中、上の下、中の上、中の中、中の下、下の上、下の中、下の下と機根を九種類に分類することは仏教でよく行われるが、とくに浄土教の分類が一般に有名になったのである。

浄土に往生する者に九種類あること（九品往生）は、浄土三部経のひとつ『観無量寿経』に説かれているが、以下それを紹介することにする。『観無量寿経』の漢訳からの現代語訳（岩波文庫『浄土三部経』下）を参照したことをおことわりしておく。

上品上生の者とは、かの仏国土（極楽世界）に生まれたいと願って、三種の心を起こす人である。三種の心とは、誠実な心、深く信ずる心、一切の善行の功徳を仏国土往生に振り向けてかの仏国土に生まれたいと願う心である。この三種の心をそなえた者は必ずかの仏国土に生まれる。あるいは次のような三種の衆生もかの仏国土に生まれる。第一は慈《いつく》しみの心をもっていて、生物を殺さず、戒律を守っている者。第二は、大乗経典を読誦する者。第三は、仏・法・僧・戒・捨・天の六つを念ずる行を行うものである。上品中生の者とは、必ずしも大乗経典を学んだり読誦したりしないけれども、よくその意味を理解し、最高の道理を聞いても心が動揺せず、深く因果《いんが》を信じて大乗を誹謗《ひぼう》せず、これらの功徳を振り向けて、極楽世界に生まれようと願い求める者のことである。上品下生の者とは、因果の道理を信じて大乗を誹謗せず、ただ無上道に向かう心をおこし、この功徳を振り向けて、極楽世界に生まれたいと願い求める者のことである。

中品上生の者とは、在家信者の守るべきさまざまな戒律を守って、五逆罪を犯さず、さまざまな苦しみを味わうことなく、この善根《ぜんこん》を振り向けて、極楽世界に生まれたいと願い求める者のことである。中品中生の者とは、一日一夜の間にさまざまな戒律を守って、規律にかなった生活をする者であって、これらの功徳を振り向けて、極楽世界に生まれたいと願い求める者のことである。中品下生の者とは、父母に孝養をつくし、世間の人々と深い友情をもって交わった者のことである。

下品上生の者とは、大乗経典を誹謗することだけはしないけれども、多くの悪い行為を行って恥ずかしいとも思わぬ者のことである。下品中生の者とは、さまざまな戒律を犯し、僧団に属する物を盗み、名誉や利欲のために説法して恥ずかしいとも思わず、さまざまな悪い行為で自分を飾っているような愚か者のことである。下品下生の者とは、五逆罪と十種の悪行などのさまざまな悪さを行う者である。下品中生と下品下生の者は悪行の結果として地獄に堕《お》ちるが、最終的には阿弥陀仏に救われて極楽世界に生まれるという。

京都の浄瑠璃《じょうるり》寺《じ》（九品《くほん》寺、九体《くたい》寺）や東京世田谷《せたがや》の浄真寺《じょうしんじ》（九品仏）などには、九体の阿弥陀仏が安置されているが、それは、以上のべたような九種の人々が生まれる浄土にも九種の別があると考え、その九種の浄土に住する阿弥陀仏にも九種の別があるとする考え方にもとづくものである。

だが、そのような九種の人々が生まれる浄土は同一のものであるとする説もあり、そう考えるほうが正しいのであろう。

（上村勝彦）

醍醐味《だいごみ》

「スキーの醍醐味」、「ゴルフの醍醐味」などという。ものごとの真骨頂を醍醐味と表現するのである。

醍醐というのは、牛乳を精製したときにできる乳製品のうちで、最後に出てくる最上の味のものをさす。牛乳には五種の味があるという。これを五味《ごみ》という。これは時がたつと変化して、だんだんと味が深まる。

大乗経典の『涅槃経』では、牛乳を精製すると、その味は次第に、乳味→酪《らく》味→生《しょう》酥《そ》味→熟酥《じゅくそ》味→醍醐《だいご》味と変化するとし、第五番目の醍醐味が最高の味であるとする。そして、それを最高の境地である涅槃《ねはん》にたとえる。天台宗《てんだい》では、最高の教えである法華涅槃時を醍醐味にたとえている。

醍醐の原語はサンスクリット語マンダ（maṇḍa）であるといわれる。しかし、醍醐をはじめとし、五味の実体はどんなものかはっきりしない。

たとえば、現在インド料理で用いられているギーというバター状の乳脂の原語であるサンスクリット語グリタ（ghṛta）が、「酥《そ》」と漢訳されたり、「酪《らく》」と漢訳されたり、あるいは、グリタの俗語形であるパーリ語のガタ（ghata）が「醍醐」という漢訳に相当している例も見出される。こうなると、何が「酥」か、何が「酪」か、わからなくなってしまう。

一応の基準とされる『翻訳名義大集』（元来はサンスクリット語とチベット語の対照表。それに漢訳をつけ加えたもの）によれば、乳製品の訳は次のようになっている。

ghṛta（グリタ）――酥油
sarpir-maṇḍa（サルピル・マンダ）――醍醐
nava-nīta（ナヴァ・ニータ）――酥油
kṣīra（クシーラ）――乳
dadhi（ダディ）――酪

すなわち、この表によれば、醍醐の原語はサルピル・マンダであることになる。サルピスだけでも「醍醐」と漢訳されていることがあるが、日本の乳酸飲料のカルピスの名称はこのサルピスに由来するといわれている。「ナヴァ・ニータ」は「新しくもたらされた」という意味であり、また「生酥」と漢訳されているので、これが、五味の第三の生酥にあたることはたしかのようである。そうしてみると、「グリタ」が五味の第四の熟酥に相当すると思われる。そして、「ダディ」が五味の第二の酪に相当し、「クシーラ」が乳に相当することはいうまでもない。

乳製品の漢訳が混乱しているのは、訳経者たちが実際のインドの乳製品について知らなかったせいであろう。だから、乳製品の名前が出てくると、「酪」とか「酥」とか、適当に訳しておいたものだろう。

ヴァラーハミヒラ（六世紀）の百科全書的な占星学書『ブリハット・サンヒター』には、六種の乳製品名があげられている。

(1)「ダディ」――ヨーグルト状の乳製品で、カード（curd）と英訳される。現在「ダヒ」とよばれる。
(2)「タクラ」――四分の一、あるいは二分の一の水をまぜたバター・ミルク。
(3)「マティタ」――水をまぜないバター・ミルク。
(4)「ナヴァ・ニータ」――ダディを攪乳《かくにゅう》した後で抽出されるフレッシュ・バター。
(5)「グリタ」――ダディを攪乳してできるクラリファイド・バター（clarified butter）。米飯をいためるときなどに用いる。すなわち、現在のギーにあたる。

(6)「パヤハ・サルピス」――新鮮な牛乳から作られるバター。やはりいため物に用いる。

以上の六種の乳製品のうち、(2)と(3)をのぞいたものが五味に相当する。「パヤハ・サルピス」あるいは「サルピル・マンダ」が醍醐の原語であるようだが、それは現在のカルピスとはことなり、バター状のものであったらしい。ただ、グリタ（ギー）よりも、さらに微妙な味をもった食品であったのである。

五味の原語とその特徴を表にすると、次のようになる。

(1) 乳（「クシーラ」その他）
(2) 酪（ダディ）ヨーグルト状。現在の「ダヒ」(curd)。
(3) 生酥（ナヴァ・ニータ）フレッシュ・バター。
(4) 熟酥（グリタ）現在のギー。
(5) 醍醐（サルピル・マンダ、パヤハ・サルピス）グリタよりもさらに純粋なバター状の製品。

（上村勝彦）

II　仏教の宇宙観と日本人

仏教は、インドにおいてある時期以後には独自の宇宙観を発達させた。それがまた昔から日本人の思想にいろいろと影響を及ぼしている。

インド人は昔から巨大なスケールの宇宙観をもっていたので、それに接した昔の日本人にとっては心身を奥底からゆさぶるようなたいへんな驚異であったろうと思う。仏教の宇宙観の観念が日本化したその実例の若干を、以下において検討してみよう。

（中村　元）

三《さん》界《がい》

「女は三界に家なし」という。女性はどこにも身を落ちつける所がないという意味である。この場合「三界」とは全世界というほどの意味で、三千大千世界と同じような意味あいでもちいられている。

三界というのは、いうまでもなく仏教語であるが、これがなかなか問題の言葉である。三界の原語はサンスクリット語トリ・ダートゥ (tri-dhātu) その他で、要するにダートゥ (dhātu) が「界」と漢訳されたものである。「界」というと、「世界」のことであると思ってしまうが、普通「ダートゥ」という語には世界という意味はない。ダートゥは「要素」とか「成分」とかいうような意味である。身体の構成要素を「ダートゥ」という。あるいは、大地に含有される鉱物などの成分を「ダートゥ」という。また、インドの古典文法家は、動詞語根を「ダートゥ」とよんでいる。

仏教で「三界」という場合は、欲界、色界、無色界をさす。われわれ衆生《しゅじょう》が生まれて死に輪廻《りんね》する領域としての三つの世界、すなわち生きものが住む世界全体のことであるという。それでは欲界、色界、無色界とはどのような「世界」(今は仮に「界」を「世界」と考える)であるのか? 以下、中村元『佛教語大辞典』の所説を自由に引用する。

まず、欲界(kāma-dhātu)は最も下にあり、淫欲《いんよく》・貪欲《どんよく》の二つの欲を有する生きもの(衆生)の住む所で、欲の盛んにおこる世界である。このなかには、地獄・餓鬼《がき》・畜生・修羅《しゅら》・人・天の六趣《ろくしゅ》(または六道《ろくどう》)がある。六種のあり方という意味である。すなわち天(神々)ですら欲界に住んでいるのであり、欲界の神々を六欲天という。次に色界《しきかい》(rūpa-dhātu)は欲界の上にあり、淫欲と貪欲を離れた生きものの住む所である。ここは絶妙な物質(色《しき》)より成るので色界という。要するに欲を離れた清らかな世界である。四禅天《しぜんてん》(四種の禅定を修して生まれる色界の四つの領域)より成り、これをさらに十七天に分類する。

最後に無色界《むしきかい》(ārūpya-dhātu)は色界をさらに越えた最上の領域であり、ここは精神のみが存在する高度の精神的世界である。物質を厭《いと》い離れて四無色定を修め、すぐれた瞑想《めいそう》に入っている者が生まれる所である。ここの最高処である悲想非非想《ひそうひひそう》(処《じょ》)天を有頂天《うちょうてん》(「有頂天」の項参照)という。

非想非非想処というのは、釈尊《しゃくそん》の師ウッダカ・ラーマプッタが達したという最高の禅定《ぜんじょう》の境地で、禅定によって思考（想《そう》）をすべてなくすことにより、世界の広がりの意識を完全に滅した境地に入ることである。このことからもわかるように、「界」とはもともと人びとの禅定、すなわち人びとの精神を平安ならしめる修養の高まる段階をあらわすのである。だから、「界」は、世界といっても現実の世界ではなく、いわば瞑想のなかにおける世界なのである。エジャトンの仏教梵語《ぼんご》辞典では、「三界」(tri-dhātu) を「三種の存在形態」(three states of existence) と訳している。

現実の世界のサンスクリット語はローカ (loka)、あるいはジャガット (jagat) である。仏教以外のインドの文献で「三つの世界」(tri-loka, loka-traya, tri-jagat, jagat-traya) といった場合は、普通、神々の住む天上の世界、人間の住む地上の世界、竜（蛇）や魔類の住む地底界をさす。つまり、宇宙全体をあらわしているわけである。ここで注意しなければならないのは、漢訳仏典ではこちらの「三つの世界」をも「三界」と訳している可能性があるということである。現に仏教辞典などには、「三界」の原語として、トリ・ローカ (tri-loka) などをあげている例もある。だから、「三界」と訳されている場合、必ずしもそれが欲界・色界・無色界をさすとは限らないということを、一応念頭においておかなくてはなるまい。

また、三千大千世界という場合、「世界」の原語はローカ・ダートゥ (loka-dhātu)

である。「ローカ」を「世」と訳し、「ダートゥ」を「界」と訳したものであろう。千の三乗の数の世界という意味である。ローカは古代インド人の世界観による全宇宙をさすことばであり、それに仏教でいう「三界」（トリ・ダートゥ）の観念を対応させて仏教独特の世界観を形成したものである。

（上村勝彦）

娑《しゃ》婆《ば》

娑婆はサンスクリット語サハー（sahā）の音訳である。この現実の世界のことであるとされる。サハーの語源は不明であるが、一般には「堪え忍ぶ」という意味の動詞語根〝サフ〟（√sah）からできた名詞とされて、そのために「忍土」、「堪忍土」、「忍界」などと意訳されている。サハーという女性名詞は「大地」を意味するが、この意味では仏教でのみもちいられている。サンスクリット一般では、クシャマー（kṣamā）という女性名詞が大地を意味することがあるが、このクシャマーという語も「堪える」、「可能な」、「支える」という意味の、〝サフ〟（√sah）と同義の動詞語根からできた名詞であるから、「大地」を意味するサハーの語源を〝サフ〟に求めるのも、あながち根拠のないことでもないようである。大地は山などの重みに「耐える」ことが可能で、その重みを「支える」から「クシャマー」とよばれ、さらに「サハー」とよばれるようになったものであろう。

古代インドでは大地は擬人化され、女性と考えられていたから、「サハー」というサハ（saha）の女性形がもちいられたものである。

そういうわけで、サハーは「大地」という意味であり、さらに「この現実の世界」という意味である、と解釈することは理論的には可能であるが、「この世界の衆生は内に種々の煩悩《ぼんのう》があり、外には風雨寒暑などがあって、苦悩をたえしのばねばならないからこの名称がある」と考え、サハーを忍土、忍界などと訳すのは後世の仏教学者が考えだした解釈であろう。

仏教で梵天（ブラフマー）のことを「サハー・パティ」とか「サハーン・パティ」とよび、「娑婆主」と訳すが、これも仏教特有の呼称である。一般にいわれているように、「この世界の主《あるじ》（パティ）」という意味であろう。

「娑婆」という言葉には、「この世には三悪五趣が雑会するから『雑会』の義である」という解釈もあるが、これはおそらく、サハーをサバー（sabhā 集会）の俗語形とみなしたためであろう。あるいは、娑婆の原語をサバーと誤解した結果出てきた解釈であるかもしれない。いずれにせよ、「サハー」はさまざまな問題をはらんだ言葉で、それがどうして仏教においてのみ「この現実の世界」の意味にもちいられるようになったか、確実なところは不明というほかない。

俗に、監獄などに留置されて自由を束縛されたものが、外の自由な世界のことを

「娑婆へ出る」とか、「娑婆の空気はうまい」などと表現する。
また、死んで死後の世界に行った者が、生きていた世界のことを「娑婆」とよぶことがある。「娑婆で見た弥次郎《やじろう》」などという表現がある。知っている人に会っても知らないふりをすることである。一説（『醒睡笑《せいすいしょう》』——『日本国語大辞典』で言及）によると、ある僧が入定《にゅうじょう》するふりをして姿をくらましたところ、以前に召使っていた弥次郎という男に会って、初めのうちは知らぬふりをしていたがそれもできなくなり、「げにもげにもよく思い合わすれば娑婆で見た弥次郎か」といったことからこの表現ができたという。「娑婆以来」という言葉もある。「めずらしい」とか「ひさしぶり」の意で、遊郭などとんでもない場所で知人に出会ったときなどにもちいられた。

（上村勝彦）

有頂天《うちょうてん》

釈尊《しゃくそん》が入滅してのち、法灯をうけつぐ仏教僧たちは、教えの整理や解釈につとめるようになった。教学はしだいに整備され、数百年後には、仏教の煩瑣《はんさ》哲学といわれる壮大なアビダルマ教学として集大成されたのであった。

その体系のなかには、古代インドの宇宙観、自然観を盛りこんだ宇宙論もふくまれていた。アビダルマ教学において、いのちあるものの世界は、五道に分類される。五道は、地獄・餓鬼《がき》・畜生・人間・天である。一般的には、これに阿修羅《あしゅら》を加えた六道のほうがよく知られている。

今ここで問題なのは、「有頂天」の「天」である。「天」はサンスクリット語のデーヴァ（deva）の訳語である。デーヴァは、動詞の語根ディヴ（√div）からつくられた語で、ディヴには、「光る」とか「輝く」などの意味がある。デーヴァは、「光り輝くもの」「尊いもの」の意味であり、ほぼ「神」という語にあたるだろう。

また「天」は、神々が住む場所をも表現する。神々すなわち天の世界は、地上からはるか上方にあると考えられた。

いきものは、先の五つないし六つの存在領域のいずれかに属している。この領域から超え出ないかぎり、死ねばまたどこかに生まれかわる。この生存のくり返しはとどまることがない。だから「天」として生まれても安心はできない。いつまた地獄へ行くかしれたものではないからである。

この五道説のほかに三界の説がある。三界は、欲界・色界・無色界である。欲界は、食欲や性欲や睡眠欲のような本能的欲望が盛んな世界である。ここには、五道のうちの地獄から人間までの四道と、下級の天とがふくまれる。

色界は、物質の存在する世界で、中級の天がここに属する。無色界は、物質の存在しない世界で、ハイクラスの天がここに属する。要するに、三界説では、天が大きく三分類されるわけである。

下級の天は六種類で、六欲天といい、下から順番に、四王天、三十三天、夜摩《やま》天、覩史多《とした》天、楽変化《らくへんげ》天、他化《たけ》自在天という。その上方に、色界に属する十七の天（十六天、十八天説もある）がある。

次が無色界の天である。精神だけの世界でかたちをもたないのであるから、厳密には、色界の上にあるということができない。ともあれ、ここには空無辺処天、識無辺処天、無《む》所有《しょう》処《しょ》天、非《ひ》想非《そうひ》非《ひ》想処《そうじょ》天の四つがある。

高いところに神々の世界がある、という考えかたは、現代人にはうけいれがたいところであるが、じつは、色界・無色界というのは禅定者の世界なのである。

無所有処というのは、何ものもそこに存在しないという瞑想の境地であり、非想非非想処は、想いがあるのでもなく、想いがないのでもないという瞑想の境地である。したがって、空間的に存在する天を想定したのではなく、絶対の境地を天という語で表現したものと解することができる。

非想非非想処天は、あらゆる存在者にとって最高の境地である。そこで「有（＝存在）」の頂天であるということで、非想非非想処天は「有頂天」ともいわれる。「有頂」はサンスクリット語では、バヴァーグラ（bhavāgra）である。バヴァは存在、アグラは頂上の意味である。

ブッダは、この「有頂天」をもこえて、流転の世界を脱した人のことである。

現今の用例で「有頂天になる」といえば、なにかに心をうばわれて他のことをかえりみない状態のことをいう。喜びや得意のあまり簡単に「有頂天」になってしまうが、「有頂天」はこの世における最高の神のことであるから、本当のところは、なかなか「有頂天」にはなれないのである。

（松本照敬）

金輪際《こんりんざい》

仏教の宇宙論によれば、虚空のなかに風輪《ふうりん》という円筒状の層が浮かんでいるという。その層の厚さは百六十万ヨージャナ（由旬《ゆじゅん》）である。ヨージャナというのは距離の単位であって、一説によると約七キロメートルであるという。その風輪の上に水輪《すいりん》がある。この層の厚さは、八十万ヨージャナである。水輪の上に金輪《こんりん》という層がある。その厚さは、三十二万ヨージャナで、直径は約百二十万ヨージャナである。そして、この金輪がこの世界の大地や山をささえているという。

金輪の最下端、すなわち水輪とのさかいめを金輪際という。金輪の上に住んでいるわれわれにとっては、もうこれより先はないというぎりぎりの線ということで、転じて、物事の極限、物事のきわまるところ、という意味でもちいられるようになった。さらに、「金輪際しません」というように、「いかなることがあっても」という意味の副詞としてもちいられるようになったのである。

ところで、金輪の原語は何であろうか？　最も基本的な仏教論書の一つである『倶《く》舎論《しゃろん》』(四〜五世紀ごろ、世親《せしん》〔ヴァスバンドゥ〕が著した)のサンスクリット原典によれば、金輪の原語はサンスクリット語カーンチャナ・マンダラ(kāñcana-maṇḍala)で、黄金の輪円、あるいは黄金の層という意味である。

しかしながら、金輪際はしばしば金剛輪際の略とみなされ、金剛でできた輪と解釈される。どうしてそのような誤解が生じたのであろうか? どうも、そこには、金剛《こんごう》山《せん》の観念との混同があるように思われる。

『倶舎論』によれば、金輪の上には九つの大山、四つの大陸、海などが乗っている。すべての中心に須弥山《しゅみせん》がある。須弥山はサンスクリット語スメール(Sumeru)の音訳で、インド一般ではメール山(Meru)とよばれている。

四つの大陸の名称はウッタラ・クラ(倶盧洲《くるしゅう》)、アパラゴーダーニーヤ(牛貨洲《ごけしゅう》)、ジャンブ・ドゥヴィーパ(贍部洲《せんぶしゅう》――われわれの住む大陸、インド亜大陸をモデルにした。)、プールヴァ・ヴィデーハ(勝身洲)であり、それぞれ北、西、南、東に位置する。その四大陸の周囲には海があるのだが、その海の水はどうして金輪の上からこぼれてしまわないのだろうか? そこで、古代インド人は、チャクラヴァーダ(あるいは、チャクラヴァーラ)という環状の山脈が、金輪の上の世界の外郭を取りかこんでいると考えたのである。チャクラヴァーダは『倶舎論』の二つの漢訳では、「輪囲山」、

「鉄輪囲山」と訳されているが、その他にも、「鉄囲《てっち》山《せん》」、「輪山」などと漢訳され、さらに金剛のように堅固だというので、「金剛山《こんごうせん》」、「金剛輪《こんごうりん》」とも訳された。

この「金剛輪」という訳が問題であるらしい。「金剛輪」という言葉があるから、金輪はその略語であると解釈されたのではないか？　どうもこのへんに誤解の原因があるようである。

（上村勝彦）

奈《な》落《らく》

「奈落の底に落ちる」などという。これ以上落ちるところがないようなどん底まで落ちこむことである。

奈落は、サンスクリット語ナラカ（naraka）の音訳である。那落《ならく》、那落迦《ならか》なども音訳される。ナラカは地獄の総称であるといわれる。有名な阿鼻《あび》地獄もその一つである。地獄の観念は仏教がヒンズー教からとり入れたものであるから、ここではその原点にさかのぼり、ヒンズー教で説く地獄観を紹介したいと思う。

ヒンズー教においては、三つの世界（三界）ということがいわれる。一つは神々の住む天上界で、第二は人間などが住む地上界で、第三は悪魔や蛇（竜）の住む地底界（広義のパーターラ）である。地底界は七つに区分される。すなわち、アタラ、ヴィタラ、スタラ、タラータラ、マハータラ、ラサータラ、パーターラ（狭義）である。このうち、アタラというのが第一の地底界である。

ところで、三界の南方の地底に、そして、地底界の第一のアタラの上方に、「祖霊の世界」（ピトリ・ローカ）とよばれる死者の世界がある。死者の王ヤマ（「閻魔《えんま》」と音訳された）がこの世界を支配していて、死者が生前に行った行為の善悪を査定する。そして罪人はさまざまな地獄（ナラカ）に送りこまれる。地獄の数については諸説がある（仏教では八熱地獄以下、百四十四ないし百四十五）が、ヒンズー教の代表的文献であるプラーナ聖典などによれば、一般に二十八のナラカがあるとされている。以下、それらのナラカの名称とその特徴を列挙する。

(1)「ターミスラ」　他人の財産や妻や子どもなどを盗んだものが堕《お》ちる。そして失神するまで打擲《ちょうちゃく》される。正気づくとまた打たれる。

(2)「アンダ・ターミスラ」　妻や夫を裏切った後で食事をとった男女が堕ちる。ヤマ（閻魔）の従卒に縄できつくしばられ失神する。

(3)「ラウラヴァ」　生類を虐待したものが堕ちる。また他人の持ち物を奪って楽しんだものもここに堕ちる。かれらが生前に虐待したものたちが、ルル（ruru）という種類の恐ろしい蛇の姿をして出てきて、かれらを苦しめる。たくさんのルルがいる地獄だから、ラウラヴァ（Raurava）とよばれる。

(4)「マハー・ラウラヴァ」　正式な遺産相続人を無視して、他人の財産を享受したものが堕ちる。ここにもルルという種類の蛇がいるが、ラウラヴァのそれよりもっと恐ろしい種類のルに満ちている。

(5)「クンビーパーカ」　鳥獣を殺して食べたものが堕ちる。ここではヤマの従卒が、油のにえたぎった大釜《おおがま》の中に罪人を投げこむ。その苦しみは罪人が殺した鳥獣たちの体毛の数だけの年数つづく。

(6)「カーラスートラ」　父母などの年長者を尊敬しなかったものが堕ちる。この地獄は猛烈に暑い。

(7)「アシ（タ）パトラ」　自己の義務《ダルマ》をないがしろにして他者の義務を行ったものが堕ちる。アシという刀剣状の葉（パトラ）で作ったムチで打たれる。

以上で七種類の地獄名をあげてその特徴を述べたが、きりがないので、その他の二十一の地獄については、その名称のみ列挙することにする。(8)スーカラムカ　(9)アンダクーパ　(10)クリミボージャナ　(11)タプタムールティ　(12)シャールマリ　(13)ヴァジュラカンタカシャーリ　(14)ヴァイタラニー　(15)プーヨーダカ　(16)プラーナローダ　(17)ヴィシャサナ　(18)ラーラーバクシャ　(19)サーラメーヤーシャナ　(20)アヴィーチ　(21)アヤハパーナ　(22)クシャーラカルダマ　(23)ラクショーバクシャ　(24)シューラプロータ　(25)ダンダシューカ　(26)ヴァタローダ　(27)パリヤーヴァルタナカ　(28)スーチームカ。

第⒇のアヴィーチについては、次の「阿鼻叫喚」の項を見ていただきたい。

（上村勝彦）

阿《あ》鼻《び》叫《きよう》喚《かん》

よく戦場などの惨状を形容して、「阿鼻叫喚」ということばをもちいる。国語辞典をいくつか見ると、「あびじごく（阿鼻地獄）に同じ」とか、「阿鼻地獄の苦しみを受けて泣き叫ぶさま」とか説明されている。たしかに阿鼻地獄という地獄の名前はわりとよく知られている。そして、「叫喚」は泣き叫ぶという意味だから、「阿鼻地獄の苦しみを受けて泣き叫ぶさま」と解釈したものであろう。しかしながら、じつは「叫喚」も「阿鼻」と同じく地獄の一つとされているのである。だから、「阿鼻叫喚」とは、「阿鼻地獄や叫喚地獄のような苦しみ」という意味だと考えるのが正しい。

それでは阿鼻叫喚とはどんな地獄であろうか？　阿鼻はサンスクリット語アヴィーチ（Avīci）の音訳である。あるサンスクリット語辞典には、アヴィーチとは「波（ヴィーチ）のない」ことと説明されている。仏教徒の語源解釈によれば、アヴィーチとは「絶え間のない」ことだという。だからアヴィーチは「無間《むけん》地獄」とも漢訳されている。そして、この地獄に堕《お》ちたものは絶え間なく苦しみを受けるから無間地獄とよばれる、というような解釈がなされている。仏教徒によれば、阿鼻地獄、すなわち無間地獄は八熱地獄のひとつで、もろもろの地獄のうちでも最も苦しい場所である。五《ご》逆《ぎゃく》・謗法《ぼうほう》の重罪を犯したものが堕ちるといわれる。五逆とは五逆罪の略で、五種の重罪のことである。一般に、五逆罪とは、(1)父を殺すこと(2)母を殺すこと(3)阿羅漢《あらかん》を殺すこと(4)仏の身体を傷つけること(5)教団の和合を破壊することである。謗法とは法を誹謗《ひぼう》すること、すなわち仏教の真理を非難することである。

アヴィーチはヒンズー教でも地獄（ナラカ）の一つと考えられている。たとえば、古代インドの有名な法典である『ヤージュニャヴァルキヤ法典』三・二二四で、二十一の地獄の一つとして列挙されている。ところで、ヒンズー教のプラーナ聖典では、一般に二十八種の地獄名があげられている（「奈落」の項参照）。アヴィーチもその一つで、偽証をした人、偽りの宣誓をした人、偽名を使った人が堕ちる地獄とされている。この地獄に堕ちる人は、百ヨージャナ（由旬《ゆじゅん》）の高山からアヴィーチに投げこまれる。アヴィーチの全域は大海のように絶えず荒波がたっていて、そこに落ちるやいなや罪人の身体は粉微塵《こなみじん》に砕けてしまう。かれらはまた生き返り、この苦しみをくりかえす。

次に、叫喚地獄とはいかなる地獄であるか？　叫喚はサンスクリット語ラウラヴァ

(Raurava)の漢訳である。仏教徒はラウラヴァの語源をラヴァ(rava 叫び声)に求めて、これを「叫喚」と訳した。そして、その地獄に堕ちたものが苦しさのあまりに泣き叫ぶから「叫喚地獄」とよぶのである、と解釈している。だから、「号叫地獄」、「叫地獄」とも訳されている。仏教では、叫喚地獄も八熱地獄の一つで、人を殺したり盗みをしたり、邪《よこしま》なセックスを楽しんだり酒を飲んだりしたものが、この地獄に堕ちるとされる。そして、この地獄に堕ちると、熱湯たぎる大釜のなかに投げこまれたり、猛火の鉄室に入れられたりするという。

ラウラヴァという地獄名もヒンズー教の文献に見られる。生類を虐待したものがこの地獄に堕ちる。かれらが生前に虐待したものたちが、ルル(ruru)という種類の恐ろしい蛇の姿をして出てきてかれらを苦しめる。ルルのいる地獄ということで、ラウラヴァ(Raurava)とよばれるという。

なお、仏教のほうでいわれるような、罪人が油のにえたぎった大釜のなかに投げこまれる地獄は、ヒンズー教ではクンビーパーカという地獄である。

(上村勝彦)

億《おっ》劫《くう》

何かめんどうくさい仕事をしなければならないとき、「億劫《おっくう》だな」という。そして、めんどうくさがることを「億劫がる」と表現する。

億劫は本来「おくこう」と読むのが正しいらしい。それが転訛《てんか》して、「おっこう」とか「おっくう」とか読むようになったという。百千万億劫の略といわれる。

劫《こう》はサンスクリット語カルパ（kalpa）の音訳である。カルパは劫波とも音訳されるが、きわめて長い時間の単位である。『佛教語大辞典』にはだいたい次のように説明されている。

劫とは宇宙論的時間で、世界が成立し、存続し、破壊され、空無となる一つ一つの時期をいう。測定できないほど長い時間であるが、その長さをある経典では次のようにたとえている。すなわち四方上下一由旬《ゆじゅん》（長さの単位）の鉄城に芥子《けし》を満たし、百年ごとに一つの芥子を取り去って、すべての芥子を尽くしても劫は終わらない。また四方一由旬の大磐石《だいばんじゃく》を百年に一度ずつ白氈《びゃくせん》で払って、その石がなくなっても劫は終わらないという。また、他の経典には次のようなたとえがあげられている。四十里の石山を長寿の人が百年に一度ずつ細軟の衣をもって払拭《ふっしょく》して、この石山を尽くしても、なおこの劫は尽きないという。また四十里の大城に芥子を満たし、長寿の人が百年に一度来て、一つの芥子を取り去るとして、芥子が尽きても劫はなお尽きないという。いずれも、劫がいかに長い期間であるかをしめすための比喩《ひゆ》にほかならない。

劫は宇宙が存続し、破壊され、空無となる一つ一つの時期をいうと述べた。これは、『倶舎論《くしゃろん》』などの仏典に説かれる劫の概念である。それによれば、宇宙は成劫《じょうこう》・住劫《じゅうこう》・壊劫《えこう》・空劫《くうこう》の四つの時期を永久にくり返すという。成劫とは宇宙が生成していく時期である。住劫とは生成した宇宙が持続する時期である。壊劫とは宇宙が消滅していく時期である。空劫とはなにもない状態が続く時期である。この成・住・壊・空の一周が要する時間を大劫とよぶ。

以上は仏典に説かれた劫の概念であるが、劫――すなわちカルパについては、仏典以外の叙事詩、プラーナ文献、法典類などでも説かれている。カルパは梵天《ぼんてん》（ブラフマー神）の一日にあたるとされ、一千の大ユガをふくむ。大ユガはある計算によれば四百三十二万年で、四つのユガに分けられる。すなわち、①クリタ・ユガ（「円満時」、「純善時」百七十二万八千年間）、②トレーター・ユガ（「三分時」百二十九万六千年間）、

③ドゥヴァーパラ・ユガ（「二分時」八十六万四千年間）、④カリ・ユガ（「末世時」、「争闘時」四十三万二千年間）の四期である。それらのうち、第一のクリタが最良の黄金時代であり、第四のカリが最も劣悪な暗黒時代である。人類は紀元前三一〇二年以来、このカリ・ユガにいる。この時期にはクリタ・ユガに存在した正法（ダルマ）の四分の三が消滅し、戦争、天災、悪習、早死などの災禍が生ずる。大火、大洪水がおこり、ついには世界の崩壊がやってくる。

カルパというのは、この四期をふくむ大ユガ（四百三十二万年）の千倍であるから、たいへんな長さである。だから百千万億劫といったら想像もつかないような時間である。

何かめんどうなことをやらねばならないとき、われわれはまずたいへんな時間がかかるだろうと考える。だからめんどうくさいことを「億劫」だというのであろうか。あるいは、億劫というのは計算するだけでもめんどうなので、そういう意味をもつようになったのだろうか。

（上村勝彦）

Ⅲ　尊いもの

仏教は宗教として仏を礼拝するが、そのほかそれに関連して種々の尊いものを礼拝する。仏・菩薩《ぼさつ》そのほか、仏教で尊いものと見なされるものを以下に若干紹介しよう。それには、

A　仏教だけに限られていることがら　「三宝」、「相好」、「四天王」、「眷属」、「曼荼羅」、「阿吽」

B　仏教以前に由来するもの　「甘露」、「卍字」、「閼伽」

などいろいろのものがある。この両者を厳密に区分することは困難であるが、いちおうの区別を立ててみた。

（中村　元）

三《さん》宝《ぼう》

「篤《あつ》く三宝を敬《うやま》え。三宝とは仏法僧なり。……」——よく知られている聖徳太子《しょうとくたいし》の十七条憲法の第二条である。

「三宝」といえば、三宝鳥とよばれる鳥がいる。べつの名を「仏法僧」というが、これは鳴き声から命名されたという。しかし、本当に「ブッポーソー」と鳴くのはコノハズクであり、仏法僧は、誤解されてついた名なのである。

「三宝」のサンスクリット原語は、ラトナトラヤ（ratna-traya）またはトリラトナ（tri-ratna）である。いずれも、「三つの宝」の意味である。

ゴータマ・シッダールタ太子が、菩提樹《ぼだいじゅ》のもとでさとりを得てブッダになったとき、仏教はその歩みを開始することになった。ブッダであるとの自覚を得てほどないころ、二人の商人がかたわらを通りかかり、「ブッダと法に帰依する」ことを表明した。このときは、まだ二宝しかなかったのである。

ブッダが、みずからの得た最高の真理を人びとに分かつために、はじめにおもむいたのは、ベナレス近郊の鹿野苑《ろくやおん》とよばれる場所であった。そこには、かつて苦行をともにしていた五人の修行仲間がいたからである。五人の修行者は、「苦行を捨てたゴータマなど相手にすまい」と思っていたが、ブッダがそばへ来ると威厳にうたれて、最高の敬意をもってむかえた。ブッダがかれらのために法を説き終えたとき、五人のうちの一人はただちにその真理をさとり、五人ともブッダに帰依した。こうして小人数ながらも、ひとまず僧団が成立したのであった。

真理にめざめた人をブッダといい、ブッダのさとった真理をダルマとよぶ。その教えを信奉して修行する者たちの集団をサンガという。ブッダは漢字で「仏陀」と書き「仏」と略する。ダルマの漢訳が「法」であり、サンガを音写した「僧伽《そうぎゃ》」の省略形が「僧」である。この仏と法と僧の三つを合わせて「三宝」というのである。これらの三つがなぜ宝なのかといえば、善根のない者には手に入れがたいこと、非常に清らかであることなどが、世間でいう宝に似ているところから「三宝」とよぶのである。

仏道入門には、一定の作法や証人などが必要とされるが、古くは、ただ「三宝に帰依する」と表明しさえすれば、入門が許可されたのである。帰依というのは、「よりどころ」の意味である。

ふつう、人間が生きていくうえで「よりどころ」と考えがちなものは、地位身分や財産などである。しかし、たとえば代議士とか社長などの身分は、落選や交代などによってくずれ去るものであるし、財産というものも、あまりあてにはならない。「おぼれる者は、わらをもつかむ」というが、よりどころであるからには、あまりたよりないものであっては困る。およそ人間であれば、何らかのよりどころ——帰依——がほしい。そこで仏教が示すよりどころが「三宝」である。

「三宝」といえば、三つのものが別々であるとも考えられるが、本質的にはことならないともいえる。なぜなら、法はブッダによって明らかにされたのであり、僧は、ブッダを信じてその教えに従う人びとの集まりなのであるから、究極的にはブッダに帰着するのである。

歴史上の釈尊は、まさしくブッダであるが、ブッダは一人にとどまらない。ブッダは、過去・現在・未来を通じて出現し、あらゆる世界にあらわれる。真理を体現した人は、みなブッダである。これは、宇宙そのものがブッダであるからである。だから、わたしたちもまたブッダなのであるが、それに気づいていない。

「三宝」に帰依するということは、ブッダに帰依することであり、それは、じつに、自分が有している真理を明らかに自覚しよう、との決意を表明することにほかならないのである。

（松本照敬）

相《そう》好《ごう》

「その知らせを聞いたとき、かれは思わず相好をくずした」——こんなふうに、日常語としてもちいられる「相好」は、「かおかたち」の意味である。「相好をくずす」とは、こみあげてくる大きな喜びのために、顔かたちをかえて笑うことをいう。

では、本来の仏教語としての「相好」は、どんな意味なのであろうか。じつは「相好」は、「相」と「好」とをひとまとめにした語で、両者はやや意味がことなるのである。共通するところは、両方とも、ブッダの身体にそなわる特徴であるという点である。

「相」のサンスクリット原語は、ラクシャナ（lakṣaṇa）で、「特徴」「特質」の意味である。三十二相、あるいは三十二大人相といって、転輪聖王《てんりんじょうおう》（正法をもって全世界をおさめると考えられた神話的な理想の王者）とブッダとは、三十二の身体的な特徴をそなえているとされた。

仏像を拝すると、普通の人とはことなる特徴が目にとまる。たとえば、仏像の頭は、頂きの中央の部分がこんもりと高くなっている。これは、頂肉髻相《ちょうにくけいそう》といい、頭の頂きが、まげをゆったように肉が盛りあがっている相をあらわしているのである。また、ひたいのまんなかに、ほくろのような突起物が見られる。これは、ほくろではなく、眉間白毫相《みけんびゃくごうそう》といって長い毛が右巻きに巻いたものなのである。ブッダは、ここから光を放つとされ、その光を毫光《ごうこう》あるいは眉間光《みけんこう》という。

仏像を制作した人びとは、経典に示されているブッダの特相を表現しようと配慮したので、わたしたちが今日拝する仏像は、共通した特徴をもっているのである。

各地の寺院に、仏足石《ぶっそくせき》というものがある。これは、ブッダの足の裏の形を彫りきざんだ石である。インドでは、古くは、仏像を制作しないで、樹木や塔や、法輪などをブッダの印として礼拝の対象としていたのであった。仏足石も、そうした礼拝対象の一つである。

わが国の仏足石としては、奈良の薬師寺《やくしじ》にあるものが最も古いものであるが、仏足石を見ると、足の中央に輪の形がきざまれている。これも三十二相の一つで、千輻輪《せんぷくりん》相《そう》という。

一方、「好」のサンスクリットは、アヌヴィヤンジャナ（anuvyañjana）で、これはブッダにそなわる副次的な特徴である。八十あって、八十種好《はちじっしゅごう》あるいは八十随形好《はちじゅうずいぎょうごう》とよばれている。

たとえば、指爪赤銅色《しそうしやくどうじき》（爪が赤銅の色であること）、筋脈無結（脈に結節がないこと）、腹円（腹がまるいこと）などがあり、部位としては、顔では眉《まゆ》・目・鼻・額・耳など、身体では、胸・腹・臍《へそ》・膝《ひざ》など、全身にわたっている。八十種好の方は、ボサツにもそなわるとされ、このような吉相は、ブッダが過去世の、きわめて長い修行の結果えられたものとされた。

しかし、三十二相のうちでも、指繊長相（指が長い）や、足安平相（足の裏が扁平《へんぺい》である）、肩円満相（肩の先がまるく豊満である）くらいなら、現実にないわけでもなかろうが、四十歯相（歯が四十本ある）や広長舌相（舌が広く長くて、顔をおおって髪のはえぎわまでとどく）などをそなえた人が実在するとは考えがたい。このように、ブッダや転輪聖王が常人ばなれしていると考えられたのは、偉大な人物は、普通人とはどこかことなるはずであるという空想から生みだされたものである。

「相好」は、右にみるように、本来は、ブッダの身体全体にそなわる諸特徴を、まとめて表現した語であった。私見では、次のような意味の変遷があったのではないかと思う。

「仏の相好は円満である」といえば、三十二相、八十種好がまどかにそなわっている、という意である。ところが、一般の人びとは三十二相も八十種好も関知するところではなかったので、実際に仏像を拝して、内容的に、お姿がおだやかである、ということを理解した。そして、「相」は人相などという場合の相として、また「好」は、好ましい、好《よ》い、という意味であろうと誤解した。

つまり、「相好」を、「相（かお）が好（好ましい）である」「端正なかおだち」の意味にうけとったのだろうと思う。

こうして今日では、「相好」といえば、ただちに「顔かたち」を意味するようになっているのである。

（松本照敬）

四天王《してんのう》

「A君とB君とC君は、わが社における酒豪の三羽烏だな。」

「そうそう、それにW君、X君、Y君、Z君は、ゴルフの四天王だよ。」

仲良しの者、あるいは何かの方面にひいでた者が三人そろっていると三羽烏《さんばがらす》という。

そして、ある道についてずばぬけた者が四人そろっていれば、四天王という。

猛烈社員の四天王や、ギャンブルの四天王は、日本のあちこちにいるが、本家ほんもとの四天王は、持国《じこく》、増長《ぞうちょう》、広目《こうもく》、毘沙門《びしゃもん》の四神で、すみかは須弥山《しゅみせん》である。

仏教神話において、神々は天とよばれ、だいたいは、人間界よりはるか上方に住んでいると考えられていた。天にも階級があって、ハイクラスの天は空居天《くうごてん》といって空中に住んでいるのだが、地居天《じごてん》といって地上に住む天もいる。四天王は神としては低い位にあり、一つの世界の中心にある須弥山の中腹の四方に住んでいるとされた。

まず、東のほうには持国天がいる。原語は、ドゥリタラーシュトラ（Dhṛtarāṣṭra）で、「持続する国をもつ者」の意である。ガンダルヴァやピシャーチャ鬼を率いている。

南面には増長天がいる。原語ヴィルーダカ（Virūḍhaka）は、動詞の語根ルフ（√ruh）——成長する——から派生した語である。クンバーンダ鬼を率いている。

西側にいるのは、広目天である。原語ヴィルーパークシャ（Virūpākṣa）は、「不具の目をもつ者」という意味である。竜やプータナー鬼をしたがえている。

北方には、毘沙門天がいる。この神は、インド教神話におけるクベーラ神である。『アタルヴァ・ヴェーダ』では、暗黒界に住む悪霊の主であり、叙事詩では重要な神となった。毘沙門の原語ヴァイシュラヴァナ（Vaiśravaṇa）は、聖者ヴィシュラヴァスの子であるところからこのようによばれるという。仏教神話にとり入れられ、多聞天と漢訳されている。ヤクシャをひきつれている。（「毘沙門天」の項参照）

この四神が、それぞれの方角ににらみをきかし、仏法を守護するとされた。経典によって、姿や持ち物、あるいは率いる鬼神《きじん》などをことにしている。中央アジアをへて中国へ伝わる間に武人像としての姿がととのい、わが国で造像されたものは、剣や戈《ほこ》などをもった力強い武将の姿をしたものが多い。

大阪市には、四天王寺という有名な寺がある。聖徳太子が物部《もののべ》氏を滅すために四天王像を作り、頂髪において、「わたしを勝たせるならば寺塔を建立する」と祈願した。

そして乱を平定したのちに建立したと伝えられる寺である。四天王がわが国に伝わったのは相当に古いことであり、その後さかんな信仰を受けた。

のちに、勇猛の護法四神になぞらえて、四人の勇将がいると四天王と称するようになった。

古くは、大江山《おおえやま》の酒顚童子《しゅてんどうじ》征伐で知られる源頼光《みなもとのよりみつ》の四天王――渡辺綱《わたなべのつな》、坂田金時《さかたのきんとき》、碓氷貞光《うすいさだみつ》、卜部季武《うらべすえたけ》――がいる。

兄の頼朝《よりとも》に容《い》れられず、逃亡のすえ衣川《ころもがわ》の館《たて》で自刃した悲劇の英雄・源義経《よしつね》の四天王――鎌田盛政《かまたもりまさ》、鎌田光政《みつまさ》、佐藤継信《さとうつぐのぶ》、佐藤《さ》忠信《ただのぶ》、戦国時代にくだっては、織田信長の四天王――柴田勝家《しばたかついえ》、滝川一益《たきがわかずます》、丹羽長秀《にわながひで》、明智光秀《あけちみつひで》。いずれも講談でおなじみの面々である。

さらに、武将だけでなく、他の技芸にも広まった。和歌の四天王、弓馬の四天王といったたぐいである。そうして、このような呼称が一般化して、諸方面にぬきんでたもの四人をひとまとめにして「四天王」というようになったのである。


（松本照敬）

眷《けん》属《ぞく》

この語は、一族、親族などを意味してもちいられる言葉である。

もっとも、一般の日常用語としては、あまり使われていない。ふつうは、「神さまのお使い」という意味でもちいられることが多いようである。たとえば、お稲荷《いなり》さんの「眷属」はキツネであるというたぐいである。

ところで、お稲荷さんとキツネとは、どうして結びついたのであろうか。お稲荷さんの社《やしろ》は、日本全国どこにでもあり、信仰の普及率は非常に高い。近代的設備をほこる工場や、デパートの屋上などにまでおまつりされている。稲荷社の大元締は、京都の伏見《ふしみ》稲荷大社である。この主祭神は宇迦之御魂神《うかのみたまのかみ》といい、五穀などの食物や養蚕のことをつかさどる神である。この神の別名を御饌津神《みけつかみ》という。キツネの古名のケツとの音通から、三狐神《みけつかみ》という字があてられ、そこからキツネがこの神のお使いとされるようになったのである。ちなみに、「イナリ」というのは「稲生《いな》り」が語源であるという。

わが国は昔から農業国であったので、農耕神はきわめて重視され、それゆえ稲荷信仰がさかんになったのであろう。稲荷の神格は、農耕の神であるというにとどまらず、後世には商業の神、殖産興業の神、屋敷守護の神ともみなされるようになり、現代においても、民間信仰として非常に根強い力を有している。仏教では、稲荷をインド伝来の荼枳尼天《だきにてん》と同一視してまつっている。

お稲荷さんに対するキツネのほか、わが国の神々の「眷属」として、八幡《はちまん》さんのハト、春日《かすが》明神のシカ、諏訪《すわ》明神のサギ、日吉山王《ひえさんのう》のサルなどが知られているが、これは、仏教語の「眷属」が神道にもとり入れられたのである。

仏教では、仏や菩薩などに、特定してつきしたがう複数のものを「眷属」とよんでいる。

たとえば、釈迦仏《しゃかぶつ》の場合には、舎利弗《しゃりほつ》や目連《もくれん》などの十大弟子や、天・竜・夜叉《やしゃ》などの八部衆、薬師如来《にょらい》にあっては、宮毘羅《くびら》、伐折羅《ばざら》などの十二神将が「眷属」である。千手《せんじゅ》観音にしたがう密迹《みつしゃく》金剛力士をはじめとする二十八部衆、不動尊の八大童子なども同様である。

「眷」は、本来「かえりみる」という字である。「いつくしみ思う」「物事を思い慕う」などの意味もあり、ここから、「みうち」「なかま」などの意味がでてきたのであろう。

「属」の方は、「つく」「服従する」の意で、「あつめる」とか「めぐむ」などの意味もある。さらに、「けらい」とか「みうち」の意味がある。

そこで、「眷属」というと、「一族」ないし「配下の者」の意味なのである。

「眷属」と漢訳されたサンスクリット原語は、いろいろある。しかし、おもなものは、パリヴァーラ（parivāra）という語である。この語は、パリ・ヴリ（pari-√vṛ）という動詞の使役法パリヴァーラヤティ（parivārayati）から派生した語であり、動詞の意味は、「とりまく」である。パリヴァーラは、「とりまき」「つきしたがう者」という意味である。たとえば、王さまに対する侍従たちがパリヴァーラすなわち「眷属」である。

現代的にいえば、総理大臣に対する内閣閣僚、大臣をとりまく各省庁の官僚群、社長につきしたがう秘書たちは、みな「眷属」であるということになろうか。側近の相談役を「ブレーン」というが、これも「眷属」に近い意味に感じられる。

「眷属」が悪いと、それを率いる人物は十分な活動ができず、実力を発揮することがむずかしい。主要な人物は、せいぜいよい「眷属」をたくさんもつよう心がけてもらいたいものである。

（松本照敬）

曼荼羅《まんだら》

博物館に陳列されている古美術品のなかに、おおぜいの仏ボサツがびっしり描かれている掛け軸を見かけることがある。同じものを、真言宗の寺院の堂内に見ることができる。

幾何学的な構造をもって描かれているこの図は、「曼荼羅」とよばれているが、いったい何を意味しているのであろう。

「曼荼羅」とは、さとりの世界を象徴的に表現したものであるという。通常の言語によってあらわしえない深奥の世界を、図によって示したというのだから、その内容を言葉で説明しようとするのは、不可能であるといわねばならない。しかし、今は言葉をもちいるほかないのであるから、葦《よし》の髄《ずい》から天井《てんじょう》をのぞくようにして、その一端をうかがうことを試みてみよう。

われわれの住んでいるこの世界は、雑多な相としてあらわれている。個々のものは、バラバラに存在しているかのようにみえる。だが、じつは、深いところでつながりあい、結びつきあっているといえる。人間が酸素を吸って炭酸ガスをはけば、樹木がそれを還元しているなどのように、世界は、ある種のバランスの上に成立している。人間は、いわば、一つの大きな生命体のなかにつつまれて存在しているのである。

一つぶの米といえども、人間は、それを無からは生み出すことはできない。人間が種をまき、大地があり、そこに養分があり、空気があり、太陽が光と熱を供給し、雨も降り、阻害する存在もなく、といったふうに、さまざまの要因が結合し、調和して、はじめてわれわれは米を手にすることができる。空気や水がなくなれば、たちどころに生きものはほろびてしまう。

このような見方をもって、われわれの周囲を見まわしてみると、みなおたがいを存在させあっている有り難いものばかりなのである。有り難いという点については、すべて同じであるが、いろいろな存在物の姿や形、あるいは働きなどは、それぞれことなっている。

「曼荼羅」は、宇宙における万物の調和と、有り難さと、相互に関連しあう様相を、仏の姿として象徴的に表現し、万物の差別相を、仏の形や持ち物によって示すものである。これが「曼荼羅」に対する一つの見方として成り立つと思う。

およそこの世にあるもので、一つとして無意味なものはなく、それぞれ固有の存在意義をもってあらわれている、というのが「曼荼羅」の世界観であるといえよう。

広い意味からいえば、宇宙全体が「曼荼羅」の世界なのである。しかし、ふつうに「曼荼羅」という場合には、諸尊を紙幅に描いたものをさす。大日如来《だいにちにょらい》を中心にする胎蔵界《たいぞうかい》曼荼羅と金剛界曼荼羅とが基本的なものである。

整った真言密教の教学では、諸尊の姿を描いた大曼荼羅、諸尊を象徴する法輪や蓮《れん》華《げ》を描いた三昧耶《さんまや》曼荼羅、梵字《ぼんじ》で示した法曼荼羅、像を刻した羯磨《かつま》曼荼羅という四種の曼荼羅を説く。

不動尊など大日如来以外の仏を中心におく曼荼羅や、『法華経』などに説かれる聖《しょう》衆《じゅ》を描いた経法曼荼羅など、曼荼羅の種類は多い。

のちには、阿弥陀如来などの浄土を描いた図を、浄土曼荼羅とよぶようにもなった。日蓮宗《にちれん》では、中央に『南無妙法蓮華経』の題目を記し、まわりに仏ボサツや伝灯の諸祖などの名号を書いた十界曼荼羅を本尊としてもちいる。

さて、「曼荼羅」の語義をながめてみよう。これは、サンスクリットのマンダラ(maṇḍala)という語の音を、そのまま漢字で写しとった語である。マンダラは、「円」「全体」などの意味である。このため、「輪円具足《りんねんぐそく》」とも漢訳されている。

インドでは、修法を行うさいに、魔物が邪魔せぬように、円形を描いてそのなかで修法を行った。ここから、一般に、円形や方形に区画したところをマンダラというようになった。

マンダラを重視するのは密教であるが、密教の立場からいうと、マンダラには四つの意味があるとされる。

まず、マンダラを、マンダとラにわかつ。マンダ（maṇḍa）は「本質」「精髄」で、ラ（la）は所有を意味する後接辞であるとして、「本質を有するもの」の意があると見る。本質とは、この場合さとりのことで、マンダラとは「さとりを完成した境地」を意味する。

第二に、さとりをうる場所ということで、「道場」という意味をもつという。さらに、さとりを開く道場は神聖な場所であるところから、諸仏をまつり祈りをささげる「壇」をもマンダラとよぶ。

壇には、諸仏が集まっているので、マンダラには、「聚集《じゅじゅ》」という意味もあるという。

ところで、現代はいろいろな意味で多様化の時代である。さまざまな思想が、それぞれの立場を主張して存立している。このような時代にあって必要なのは、すべてを一つにまとめようとする統一的な原理ではなく、対立するものの固有の意味を認めあって共存しようとする精神であろう。

さまざまのものが固有の徳を最大限に発揮しあうことによって、しかも調和のある理想世界の実現をめざす。「曼荼羅」として描かれた仏の世界は、このような方向を暗示していると見ることもできよう。

（松本照敬）

阿《あ》吽《うん》

「いよいよ結びの大一番。横綱同士の対戦です。両者、仕切りに入って阿吽の呼吸を合わせます。軍配がかえりました。立ち上がった。のこった、のこった……」。大相撲の熱戦を伝えるアナウンサーの声である。「阿吽の呼吸」という言葉がでてくるが、これはいったいどんなところからきたのであろうか。

　奈良朝以前にわが国に伝えられた梵字《ぼんじ》の字母を悉曇《しったん》というが、その悉曇文字の𑖀（ア）を「阿」、𑖮𑖳𑖽（フーン）を「吽」という漢字で写したのが「阿吽」である。「阿」は、口を開いて発する最初の音声であり、「吽」は口を閉じて発する音声で、前者が字音の最初、後者が最後の字音であると説明される。ここから、「阿吽」は、すべてのものの初まりと終わりとを象徴するという。

　ヒンズー教においては「オーム」という語が聖音として尊重される。「オーム」は、ヴェーダの段階では、たんに応諾やよびかけの声であった。それが、たとえば『カタ・ウパニシャッド』では、絶対者アートマンを象徴する聖音とされ、とりもなおさず宇宙の本体たるブラフマンであり、これを知ればすべての希望が達成されると説かれるようになった。

さらに、「オーム」は「ア」と「ウ」と「ム」の合成であると解釈され、宇宙の創造、存続、帰滅をつかさどるブラフマー、ヴィシュヌ、シヴァの三神に、それぞれ配当される。インドの字音に関する形而上学《けいじじょうがく》において、ことに「ア」字は、万物の根源を示す音とみなされ、あがめられた。

このような字音についての形而上学は、仏教にもとり入れられた。一般に「ア」字は、アーディ（ādi 本・初）とアヌトパーダ（anutpāda 不生）の両義があると解釈されている。ここから、密教では、「阿字本不生《あじほんぷしょう》」という独特のア字哲学を展開した。阿字がすべての言語の本源であるところから、一歩進めて、それがあらゆる存在の根源であるとみるのである。真言宗を開いた空海《くうかい》は、その著『吽字義《うんじぎ》』の中で、阿字や吽字の内蔵する意義について、縦横に論及している。

のちに、「阿」を出息、「吽」を入息の意として把握する解釈もあらわれてきた。最初にだした相撲の「阿吽の呼吸」は、このほうの意味から派生したもので、吐く息、吸う息がおたがいにピタリとあうという意から、さらに両者の心が呼応しあうことをいうようにもなった。

神社を訪れると、参道の両側に狛犬《こまいぬ》がひかえているのが目にとまる。狛犬の原型は、ライオン像が起源とされ、それがシナ文化の影響をうけ、韓国をへて日本に渡来した。高麗《こま》からやってきたかわった形の犬だということで、高麗犬という。はじめは、宮中で几帳《きちよう》などをおさえる調度の一つとしてもちいられていたものが、守護と装飾をかねて神社仏閣に置かれるようになったという。

この狛犬は、一方が口を開き、もう一方が口を閉じている。口を開いているのが「阿」、閉じているのが「吽」をあらわしている。

同じように、仁王門に立って仏法を守護している仁王さまも、口を開いているのが「阿形《あがた》」で、閉じているのが「吽形《うんがた》」である。

狛犬や仁王像の口に、万物の発生と帰滅とを示す形而上学がふくまれているのかな、などと考えながら、それらをながめてみるのも、また一興というものかもしれない。

（松本照敬）

甘《かん》露《ろ》

日常生活で、のどが渇いているときなどに水や酒を飲んで、よく「甘露、甘露」などと表現する。古代中国では、天子が仁政を行うめでたい前兆として天から甘露が降ると考えられていた。甘い不老不死の霊薬である。

甘露は文字通り解釈すると「甘い露」であるが、その起源は中国であるのかインドであるのか、よくわからない。ただ、仏典で「甘露」と訳されている場合は、大ていサンスクリット語のアムリタの訳語と考えてまちがいはない。

アムリタ（amṛta）はギリシア神話に出てくるアムブロシアー（ambrosia）と語源を一にする語で、これを飲むと不老不死になるとされる神々の飲料である。元来は「生命力を与える」という意味であったと言語学者はいうが、インド一般では、「〝ア〟（否定辞）＋〝ムリタ〟（死）」（a+mṛta）と通俗語源解釈されて、「死（mṛta）なないこと」、「不死」という意味であるとする。おもしろいことに、アムブロシアー（ambrosia）も同じように分析される運命をたどったのである。すなわち、*ambrosia*

＜ *ambrotos* immortal （*a*- not+*brotos* mortal） というぐあいに……。アムリタ＝不死と解釈すると、不老不死の霊薬としてのその特性をまことにうまく表すことができるので、そういう語源解釈が定着してしまったものである。ちなみに、「アムリタ」は涅《ね》槃《はん》（ニルヴァーナ）の同義語としてもちいられることがしばしばある。仏教のことを「甘露の法門」とよぶ。この場合も不死の実現である涅槃をアムリタにたとえたものである。釈尊がさとりを開いたとき、「不死が得られた」と表現した。そして、「法論を転ずるために自分はベナレスへ行く。盲闇《もうあん》の世界において不死の鼓《つづみ》をうとう」と述べたと伝えられている。

神々はアムリタを飲んで不死になったとされるが、それについては次のような神話がある。

太古、ヴィシュヌ神をはじめとする神々は、阿《あ》修《しゅ》羅《ら》（アスラ）などの魔類とともに大海を攪拌《かくはん》してアムリタをえようとした。かれらはマンダラ山という巨大な山に大蛇ヴァースキをまきつけて攪拌棒にし、大亀を支点として大蛇をひっぱり、大海を攪拌した。海水は乳に変じた。さらに強く攪拌すると太陽、月、シュリー（吉祥天女——ヴィシュヌ神の妃《きさき》となる）、宝珠カウストゥバ（ヴィシュヌの胸にかかる）などが出てきた。そして、最後にアムリタが出てきた。魔類もアムリタをほしがったが、ヴィシュヌ神は女に変身してかれらを惑わし、アムリタを神々の独占物となした。神々はアムリタをえて飲み、不死となった。そのとき、ラーフという悪魔が神に変装してアムリタを飲んだ。太陽と月がそれを見つけ、神々に告げた。そこでヴィシュヌは円盤でラーフの首を切ってしまった。ところが、ラーフが飲んだアムリタはかれの首のところまで達していたので、首から上の部分は不死になっていたため頭だけが生き残った。それからというもの、ラーフは神々につげ口をした太陽と月をうらんで追いまわし、日食と月食をひきおこすとされている。

ラーフが日食と月食の原因であるという説は、インドの天文学者たちによっても信じられていた。唯一の例外はアーリヤバタ（五〜六世紀）という天文学者で、日食と月食はラーフによってひきおこされるのではなく、月と地球の影によって生ずると主張した。しかし、かれの説は後世の権威者によって支持されなかった。その後も人びとはアムリタを飲んで不死となったラーフの頭が太陽と月を追いかけまわしていると信じていたのである。

（上村勝彦）

卍《まん》字《じ》

お寺によっていろいろ注意してみると、方々に卍のしるしを見つけることができる。場合によると、卐という逆向きのものもある。お寺であまり方々につけられているせいか、わたくしなどは、これを「お寺のマーク」だとばかり考えていた。かなりの年になるまで漠然とそう考えていたものである。また、ナチス・ドイツのシンボルである「かぎ十字」、「ハーケンクロイツ」と似ているので、なぜ似ているのだろうと、その意味でも不思議に思ったものである。

事実、この卐と「ハーケンクロイツ」を共通の起源に求めようとする学者があったり、またユダヤ人迫害のシンボルでもあった「ハーケンクロイツ」が、じつはユダヤ人をふくむセム系の起源で、ナチス・ドイツはそれを知らずにもちいていたのだとする学者もある。

仏教語としてもちいられる卐字（日本では卍をもちいるほうが多い）は、じつはインド起源のものである。もちろん、卐は本来インドでももちいられた。それが仏教とともに中国に導入されたとき、卍が非常にいわゆる縁起のよいものであるということから、「萬」の字をあてて表現されたものと考えられている。これが卍の音を「まん」とする理由であろう。正確なことを御存知のかたはぜひ御教示いただきたいと思っている。

そこで手はじめに、仏教が卍をどのように見ていたかという点をみてみよう。

仏教の文献のすべてを総称して「一切経《いっさいきょう》」というが、そのなかの難解な語句を説明した、いわば一種の仏教語を簡単に解説した漢文の辞書がつくられた。これを『一切《いっさい》経音義《きょうおんぎ》』というが、中国の慧琳《えりん》という人が七八三―八〇七年の間に編纂《へんさん》した『一切経音義』すなわち『慧琳音義《えりんおんぎ》』という書物がある。そのなかに、卍字について、ほぼ次のようにいっている。その要約をしめすと、

「(卍字とは)サンスクリット語で室哩末蹉、(および)倉何である……。」

この「室哩末蹉」とは「シュリーヴァッツァ」のことであり、「倉何」というのは「スヴァスティカ」のことである。この二つのサンスクリット語は、まちがいなく卍の名前である。

シュリーヴァッツァというのは、ヴィシュヌあるいはその化身とされるクリシュナという神の胸にある、うずをまいた胸毛として有名である。ヴィシュヌというのはヒ

ンズー教の一派であるヴィシュヌ派の主神である。

サンスクリット語によって書かれた叙事詩などは、このしるしが、シヴァ(Śiva)という神のもつ武器である三叉《みつまた》の鉾《ほこ》によってつけられたとか、あるいは、バラドヴァージャという仙人が、ヴィシュヌの胸に水をひっかけ、その仙人のぬれた手によってつくられたものだと記している。

ただし、このシュリーヴァアッツァはすべてが卍に似ているとはかぎらない。三叉の鉾によってつけられたといわれるように、形がたしかに三叉の鉾に似ているものもある。そしてシュリーヴァッツァ(Śrivatsa)という言葉の意味についても種々の意見があり、必ずしも決定的な意見はだされていない。たとえばある学者は「シュリー(śrī)」が幸福、繁栄の意味をもち「ヴァッツァ(vatsa)」が子牛の意味であるために「幸福の子牛」の意味にとったり、またシュリーヴァッツァは中期インド・アーリヤン語の「シリヴァッチャ(sirivaccha)」から逆にサンスクリット語化されたもので、「シリヴァッチャ」のもとになったサンスクリット語は、「シュリーヴリクシャ(śrīvṛkṣa 幸福の木)」でそれが本来の意味であるとする学者もある。またそのほかにも、「シュリー(Śrī)という女神の好みとする住所」の意味だとする説もある。シュリーという女神は、ヴィシュヌの妻だとされている。

なお考古学者の間にはシュリーヴァッツァないしスヴァスティカ、すなわち卍、の原型をインダス文化の遺物の中に求められるとする意見もある。

ところで、卍は一つの中心から四本のカギが出ている形である。しかし縁起のよいしるしとしてのシュリーヴァッツァは、中心から九本のカギが出ているとされる。九という数字は高価なもの、縁起のよいもの、幸福とかかわりのある儀式と関係のある数字なので、シュリーヴァッツァもそれに類することからの象徴であろうと考えられている。かつてはこれが太陽のシンボルであると考えられたこともあった。

ところで、卍の原型であるシュリーヴァッツァないしスヴァスティカは、必ずしもヴィシュヌだけに限られるものではなかった。たとえば、理想的な王はこのしるしをもっているとされ、また、仏教と姉妹関係にあるジャイナ教の開祖も胸にこのしるしをもっている、また、仏教では、仏陀《ブッダ》の第二次的な身体的特徴（八十種好）のなかに、「手や足にシュリーヴァッツァをもつ」ということが述べられている。たとえば、インドなどに発見される仏陀の足あとを刻んだ石（いわゆる仏足石《ぶっそくせき》）には、足のうらおよび足の指に相当する部分に卍を記している。

このようにして考えると、シュリーヴァッツァ、すなわち卍は、古代インドの「理想的な偉大な人物」のもつ特徴の一つとして考えられていたことがわかるのである。

日本では、前にふれたように、もっぱら仏教のシンボルとしてこれをもちいる。それは、本来このような意味をもっていた卐が、仏教とともに日本に導入されたことによるものであろう。

また、この文字には卐の形のものと卍の形のものと二種類あるが、前者を右卐《みぎまんじ》、後者を左卐《ひだりまんじ》とよんでいる。どちらが正統であるのかはにわかに判定しがたいが、インド以来右卐が多いようである。また、仏教はチベットにも伝播《でんぱ》したが、チベットに仏教以前から存在した土着の宗教を信ずる人びとすなわちポンボたちは左卐（すなわち卍）をもちいる。

なお諸橋轍次《もろはしてつじ》先生の『大漢和辞典』には左卐（すなわち卍）の項をたてておられるが、同辞典によるとこれは『康熙《こうき》辞典』によられたとのことである。

俗に、入り乱れるさま、大混戦のさまなどを「まんじともえ（卐巴）」というが、その「ともえ（巴）」はおそらく日本起源のものであろう。弓を射るときに射手が左手のひじに「とも（鞆）」という皮製のひじあてをつけるが、「ともえ」とは元来そこにえがかれた絵であったといわれ、水がうずをまいている形を象徴化したものといわれる。図柄がたがいに追いかけあっているような形をしている。卐もそのように見える。「まんじともえ」とはそれにもとづく俗語であろう。

（松濤誠達）

閼《あ》伽《か》

閼伽とは、サンスクリット語のアルガ（argha）またはアルギヤ（arghya）の音を漢字によって写したものである。アルガとアルギヤとは本来ことなった言葉であり、前者は「価値」、後者は「尊敬するにあたいする、価値のある」という形容詞である。古い時代のインドですでにこの二語は混同されていたらしい。古い時代のインドでは、むしろ後者すなわちアルギヤの方が一般的であった。

アルギヤとはもともと客人に対してささげる水のことであった。客に対してアルギヤを進呈する儀礼的風習はインドでは非常に古く、「ヴェーダ」の時代にさかのぼることができる。このような儀礼はのちに簡潔な文章にまとめられ、われわれは今日その資料によって、当時の習慣を知ることができる。その資料のなかに『アーシュヴァラーヤナ・グリヒヤスートラ』という文献があるので、それにそって説明すると次の通りである。

尊敬するにたる客がやってくると、かれは二十五本のダルバとよばれる草の席にすわる。主人は足を洗う水をもってきて、右足から客の足を洗う。その次に客にささげるのがアルギヤとよばれる水である。これはじつは客が手を洗うための水であって、芳香のある花やセンダンなどの香料がまぜてある。客はこれを合掌した手に受ける。次に客は口をすすぐ水を受けて口を清め、マドゥパルカという食物を食べる。マドゥパルカとは蜜《みつ》に水、場合によるとミルクなどをまぜたものである。客はそれを食べて、さきほどの口をすすぐ水で三度口を清める。このような儀礼は祭官であるバラモン、ヴェーダの学習を終えた人、師匠、王、義父、父方および母方の叔父《おじ》に対して行わねばならないとされている。

このようなアルギヤは、人間に対してばかりでなく、神や祖霊などに対しても、祭礼の場所にそれらがよび出されると、ささげられたらしい。

ところで、仏教にはこのインド古来からの風習がとり入れられたものであろう。たとえば、密教関係のある経典には、法要の場所にいろいろな仏陀や菩薩《ぼさつ》を招いたのちに「閼伽」を献じ、いろいろとかれらに質問し、そして敬礼する、という儀礼が記されている。これはあきらかに、仏陀や菩薩を客として招き、そして接待するというアイディアがその中心をなしている証拠である。インド古来からの習慣とアイディアの上でさほどことなってはいないのである。

ただし仏教では、とくに密教において、「閼伽」としてもちいる水はどこからとるべきであるとか、その容器はどのようなものとすべきであるとか、種々の規定がなされるようになった。

またさらに「閼伽」という語の意味も、いく分変えられて、水を盛る器、沐浴《もくよく》のための器、仏具としてもちいる器の類《たぐい》の意味でもちいられたりした。

この語は、このまま、また閼伽桶《おけ》、閼伽井、閼伽棚などとして平安時代以来の日本文学にしばしばあらわれている。

なおアルガ、またはアルギヤというサンスクリット語は、功徳《くどく》水などと訳されたりする。

（松濤誠達）

Ⅳ　仏教にとり入れられたヒンズー教の神々

仏教の寺院へお詣《まい》りすると、仏、菩薩《ぼさつ》の像のほかに、善い神々や鬼神など、いろいろの霊的存在の像が安置され、拝まれているのに気がつく。これらはもとは仏教以前の宗教に由来するか、あるいはインドの民衆の宗教であるヒンズー教で拝まれていた神々や霊的存在の類《たぐい》が仏教にもとり入れられたのである。そうしてそれらが、アジア大陸を通って、日本に渡来したわけなのである。次におもなものをとり上げて説明することにするが、その数が意外に多いのに、人びとは驚くであろう。

それらをほぼ次のように分類して紹介することにした。

A　インド原住民に由来する神々　「竜」

色の黒いドラヴィダ人、ムンダ人など原住民の信仰に由来するもの

B　アーリヤ人のヴェーダ聖典に由来する神々　「阿修羅」、「帝釈天」、「水天」、「弁才天」、「閻魔」、「餓鬼」、「夜叉」

インド文明の主流を構成したのはアーリヤ人であり、もとは西洋人と同じ人種であるが、西北インドのほうから侵入してきた。かれらの宗教はバラモン教とよばれ、司祭者バラモンたちの指導のもとに、『ヴェーダ』聖典の規定する祭りを行っていた。

かれらの信奉した神々が仏教を通じて日本へ入ってきたのである。

C　ヒンズー教に由来する神々、霊的存在　「毘沙門天」、「韋駄天」、「鬼子母神」、「人非人」

バラモン教が民間の俗信をいろいろな形態で多様にとり入れると、ヒンズー教が成立した。ヒンズー教は、今日インド人の大部分が信奉する宗教である。その神々も仏教を通じて日本へ渡来した。

（中村　元）

竜《りゅう》

一口に竜《りゅう》といっても、世界中にはいろいろな竜がいる。西洋のドラゴンは、ギリシア神話のドラコーン（drakōn）に由来する。ドラゴンにもさまざまな種類があるらしいが、西洋の絵画に描かれている竜は、われわれのよく知っている中国の竜とは少し形状をことにし、むしろテレビでおなじみの怪獣たちに似ている。財宝を守っていたり、美女をさらったりするが、そこにさっそうとした騎士が登場して退治されてしまうのである。大体において西洋のドラゴンは悪竜で、神や英雄によって殺される。

われわれに最も親《ちか》しいのは中国の竜である。日本の映画や彫刻に表現されているのは、ほとんど中国の竜である。今さらその形状を説明するまでもないが、以下に『日本国語大辞典』の所説を引用する。

「想像上の動物。体は大蛇に似ていて、背に八一枚の鱗《うろこ》、四足に各五本の指、頭には二本の角があり、顔は長く耳があり、口辺に長いひげをもつ。水中または地中にすみ、時に空中を飛行し、雲や雨を起こし、稲妻を放つという。中国では、古来鱗虫《りんちゅう》の長とされ……以下略」

　ところが、仏教伝来とともに、インドの竜の観念が中国にもたらされたのでやっかいな問題が生じた。仏教では竜は天竜八部衆（あるいは竜神八部衆）の一つとされ、仏法を守護する神（あるいは半神）とされる。天竜八部とは、天（神々）、竜（ナーガ）、夜叉《やしゃ》（ヤクシャ）、乾闥婆《けんだつば》、阿修羅（アスラ）、迦楼羅《かるら》（ガルダ）、緊那羅《きんなら》（キンナラ）、摩睺羅伽《まごらが》（マホーラガ）である（これらについては「人非人」の項参照）。もっとも、「天龍八部」という言葉は中国でつくられたものであろうが、これらの神・半神の名は梵文仏典にもしばしば登場する。

　漢訳者は、サンスクリット語ナーガ（nāga）を「竜」と訳したのである。ところが、インドのナーガはじつは蛇のことで、頸部《けいぶ》にかさ状のふくらみをもつとされるから、おそらくコブラのことである。竜王（ナーガ・ラージャ）の観念は、コブラのうちでも最大の種類であるキング・コブラの形状から生じたものであろう。八部衆のうちの摩睺羅伽《まごらが》（マホーラガ）は、巨大な（マハー）蛇（ウラガ）を意味するが、ナーガと別種類の大蛇なのであろう。しかし、サンスクリット文学においては、ナーガは蛇とまったく同義語的にもちいられているのである。

　ナーガ、すなわち蛇族はパーターラとよばれる地底界に住むとされる。パーターラは地底界の総称であり、さまざまな魔類の住んでいる世界だが、その第七の蛇の住む世界もパーターラとよばれるのである。ヴァースキという名の竜王や、その他の竜王が、この世界を統治している。竜王たちは、非常に巨大で強力で猛毒をもち、頸部に大きなかさ状のふくらみを有し、そこにつけた宝石の輝きでパーターラ全域を照らしている。パーターラの最下層の世界に原初の蛇（アーディ・シェーシャ）アナンタが住んでいて、その頭で全世界の重みをささえている。じつは、かれこそがすべての竜王の上に君臨する蛇族の長である。この上もなく美しい竜王の娘たちがアーディ・シェーシャのまわりをとりまいて奉仕している。

ナーガ（蛇族）は、後世やはり八部衆の一つとされたガルダ（迦楼羅《かるら》）という巨鳥に食われるとされる。ガルダ鳥（金翅鳥《こんじ》）が蛇を食べるようになった事情については、次のような伝説がある。

太古、カドゥルーとヴィナターという姉妹はともにカシュヤパ仙の妻になったが、あるとき、太陽を引く馬の色について論争した。カドゥルーは黒だといい、ヴィナターは白だと主張し、負けたほうが相手の奴隷になるという条件でかけをした。カドゥルーは、自分の子の蛇族に命じて太陽の馬に毒を吹きかけ、その色を黒くさせてかけに勝ち、ヴィナターを奴隷にした。ヴィナターの息子のガルダ鳥が母を奴隷の境遇から解放してくれとたのむと、蛇族は甘露《かんろ》（アムリタ）をもってきたら解放してやるといった。ガルダ鳥はヴィシュヌ神から甘露をもらって蛇たちのところへいき、母を解放した。ところが、蛇たちが甘露を飲もうとしたとき、インドラ神（帝釈天《たいしゃくてん》）がきて甘露をもち去ってしまった。蛇たちは失望し、甘露のしずくがこぼれ落ちているのではないかと草をなめまわしているうちに、かれらの舌は切れ、それ以来蛇は二枚舌になったという。それでもガルダ鳥の怒りはとけず、蛇たちを食べ続けた。

ガルダ鳥に食いつくされてしまいそうになった蛇の一族を、みずからの身体を犠牲にして救ったのが、インド文学に有名なジームータヴァーハナである。ハルシャ王（七世紀）はジームータヴァーハナの捨身の物語を戯曲化し、有名な『ナーガーナンダ』（竜の喜び）をつくった。

以上みてきたように、インドにおいては「ナーガ」は蛇のことであった。ところがそれが「竜」と漢訳されたため、さまざまな誤解が生じた。仏典の中で「竜」という言葉をみた中国人や日本人は、自分たちに親しい中国の竜の姿を連想したのであった。だから、わが国の仏教美術に登場する竜、竜王、竜神などはみな中国の竜の姿をしているのである。

（上村勝彦）

阿《あ》修《しゅ》羅《ら》

阿修羅とは、サンスクリット語のアスラ（asura）の音を漢字で写したものである。このほか阿素羅、阿素洛、阿蘇羅、阿須倫などともかく。また場合によると阿修羅の「阿」が脱落して修羅ともいう。

このアスラという語は、じつは非常に古いもので、その起源は、アーリヤ人種のインド侵入以前の時代にまでさかのぼる。アーリヤ人種は、紀元前一五〇〇年のころ、西北インドに侵入して、そののち、おおまかにいって、インド人の祖先となったが、かれらは侵入以前のある時期には、イランに侵入した同系の人びとと同じ民族であった。インドに侵入した人びとは『リグ・ヴェーダ』とよばれる最古の聖典をもっていたのに対し、イランに入った人びとの聖典は『アヴェスタ』とよばれる。アスラという語は、これらインドに入った人びととイランに入った人びととがいまだ分裂していない時期にまでさかのぼることができるのである。

アスラという語は『リグ・ヴェーダ』のなかにあらわれて、たとえばヴァルナとかルドラとか、かなりおそろしい性質をもあわせもった神に対してもちいられた。その原意は、おそらく「強力な」、または名詞として「主《あるじ》（支配者）」の意味であったと考えられている。アスラに相当する語を『アヴェスタ』に求めると、それは「アフラ(Ahura)」という語である。これもまた神に対してもちいられ、たとえば「アフロー・マズダー(Ahurō Mazdā)」などともちいられる。ともにおそろしい神に対する畏《い》敬《けい》の念を前提とする語であったらしい。

ところで、インドではその後語源解釈学が発達した。それは『リグ・ヴェーダ』などの非常に古い聖典の意味を可能なかぎり正確に伝えたいとする、インド人みずからの努力のあらわれでもあった。そこでこのアスラという語が分解されて、a-sura であると考えられた。a- は否定の意味であり、sura はたまたま「神」の意と考えられて、結果として asura という語は「神ではないもの」の意味であるとされたのである。それは「神ではないもの」、したがって、「悪魔」と考えられ、むしろ神の敵とされてしまったのである。言葉の運命とはおもしろいもので、神に対してもちいられた語がその敵の意に変えられてしまったわけで、意味の逆転である。「悪魔」に近い意味でのアスラという語は、『リグ・ヴェーダ』の新しい部分にすでに見えているともいわれる。

アスラはつねに神々に攻撃をしかけ、戦を交える。かれらは非常に挑戦的なのである。

この悪魔としての好戦的なアスラは仏教にとれ入れられた。仏教では、人はその生存中の行為によって、死後、つぎの生存の状態が定まると考えられていて、六種類の生存の状態を想定し、それを「六道」とか「六趣」とよぶが、阿修羅はそのなかの一つとされ、そのような形で仏教にとり入れられたのである。六趣とは、地獄における生存（地獄）、餓鬼《がき》としての生存（餓鬼）、獣としての生存（畜生）、阿修羅としての生存（修羅）、人間としての生存（人）、神としての生存（天）である。

またそのおそろしい側面が害を与えるものをよせつけず、排斥すると考えられたためか、阿修羅は仏教を守護する八種の神的なもの（八部衆）の一つともされている。

その好戦的な側面は仏教においても生きていて、たとえば血なまぐさい戦闘の場のことを修羅場《しゅらじょう》といったり、修羅の巷《ちまた》などとよぶ日本語として定着した語があることからもそれは理解される。また能楽では、戦闘の場面のあらわれる作品を修羅物《しゅらもの》という。

奈良の興福寺《こうふくじ》には有名な阿修羅王の像がある。その姿は、目に怒りをふくんではいるものの、好戦的なおそるべきイメージをすて、むしろ女性的な感じすら与える。合掌している二本の手は仏教に対する従順を意味するものであろう。悪魔的なイメージが脱落して、ひたすら仏教に帰依し、それを守護する信者のイメージが前面にうちだされているのであろう。

アスラというサンスクリット語は漢字によって翻訳されたとき、「無酒神」とも訳された。それは asura を否定の a と酒を意味する surā からできた複合語であると考えたためで、一種の誤解にもとづくものである。この無酒神という語を次のように説明したりしている。

ありとあらゆる花をとってきて海にひたし、その塩からい味を変えようとしたが、すこしも変わらなかったので怒り、酒を断つことを誓ったので無酒神というのだ。

インド・イラン共通の太古にまでさかのぼる語が時代と場を変えて、いろいろとその意味が変遷しつつ受容された好例であるといえるだろう。

（松濤誠達）

帝釈天《たいしゃくてん》

人気のある映画に『男はつらいよ』というのがある。がさつだが人情味のある、下町の男の「ふうてんの寅《とら》さん」が主人公の映画だが、その舞台はおもに柴又《しばまた》の「帝釈天」を中心とする、いわゆる下町である。

いうまでもなく柴又の帝釈天とは、帝釈天をまつってあるのでそういわれるのであるが、それでは帝釈天とは何かというと意外に知られていないようである。

帝釈天とは古いインドの神である。サンスクリット語では「シャクロー・デーヴァーナーム・インドラハ（Śakro devānāṃ indraḥ）」といい、その俗語形は「サッコー・デーヴァーナム・インドー（Sakko devānaṃ indo）」という。意味は「神々の支配者であるシャクラ（またはサッカ）」ということである。「シャクラ」ないし「サッカ」は漢字の「釈」によって音が写され、「デーヴァーナーム」ないし「デーヴァーナム」は「提桓」と漢字があてられ、「インドラハ」ないし「インドー」は「因」という字でその音が写された。つまりその名は漢字で「釈提桓因《しゃくだいかんいん》」というわけである。また

「神々の帝王」でもあるので、頭に「帝」という字をつけ、「帝釈」ともいわれる。帝釈天とは、それに神を意味する「天」の字がつけられたものである。

ところで「シャクラ」ないし「サッカ」は本来「強力な」という意味の言葉で、「因」で音が写されている「インドラハ」または「インドー」がこの神のもともとの名前である。「シャクラ」はこの神がきわめて強力なためこの神に付されたものであった。「インドラハ」または「インドー」は格語尾のついた形で「インドラ(Indra)」またはその俗語形「インダ(Inda)」がこの神の正しい名である。

このインドラという神は非常に古い神である。インド最古の聖典である『リグ・ヴェーダ』では、この神は最も人気のある神で、この聖典のなかの四分の一の讃歌《さんか》がインドラのみを対象としてささげられ、その人気のほどがしのばれる。イランの聖典『アヴェスタ』にも「インドラ(Indra)」という形であらわれ、この神がインド・イラン民族が未分化の時代にまでさかのぼりうることが知られる。ただしイランでは、紀元前七世紀から六世紀のころにあらわれた宗教改革者ザラスシュトラによって神から悪魔へと変えられてしまったのである。ザラスシュトラはゾロアスターなどともよばれ、ドイツの哲学者ニーチェの『ツァラトゥストラはかく語りき』という著作によっても有名である。

インドラの起源は、さらに古代にさかのぼることができる。それはヒッタイト王スッピルリウマとミタンニ王マティワザとの間に、ほぼ紀元前一三八〇年のころに締結された盟約文のなかにあらわれるからである。

ヴェーダにあらわれるインドラはまさしく勇猛果敢な英雄である。おそらくその当時の理想的な武人のイメージが投影されているのであろう。

ヴェーダではインドラは空中にいる神である。その姿は全体に赤く、赤い髪をもち、ひげも赤い。腕は長く、力が強い。かれは黄金の戦車を駆り、二頭の駿馬《しゅんめ》がそれを引いている。かれはヴァジュラと称する武器をもつ。ヴァジュラはしばしば金剛杵《こんごうしょ》と訳されるが、雷の電光である。これはきわめて鋭い武器であり、インドラはこれをあたかもナイフのようにあつかう。かれはソーマという人を酔わせる飲み物を飲んで酔う。かれには暴風雨の神と思われる数人からなるマルト群神（その数は一定しない）をしたがえている。

ヴェーダにおけるインドラについて最も有名な神話は、竜の姿をした悪魔であるヴリトラをヴァジュラをふるって殺害し、この世界に水と光とをもたらしたとする神話であり、このモチーフは、ギリシアにおけるヘーラクレースがヒュドラーという多数の頭をもった竜を退治する物語にも対比できるものである。

またインドラには暴虐な、反倫理的な側面もあり、インドラの妻の嫉妬《しっと》をかったりする。このような側面をもつインドラは、現在神話学上にいわれる、いわゆるトリックスターであることを指摘しておこう。

ところで、このようにヴェーダの時代に最も人気の高かったインドラは、それ以後しだいにその優位な地位を失っていった。そして単に神のなかの王という名目に甘んずることとなった。ときにはインドラは人間によってたぶらかされたり、悪魔に敗れたり、修行者の行う苦行におびえたりするようになった。

仏教では、たとえばブッダやブッダの説く教え、仏教の修行者に対して従順な、その崇拝者としてあらわれたり、仏教の修行をしたり、ブッダに教えを乞《こ》うたりする神としてしばしばあらわれる。かれは神ではあるがいまでは輪廻《りんね》の存在として転生し解《げ》脱《だつ》を得ていないものとしてあらわれている。

かれが日本において信仰の対象となるのはインドラが仏教の守護者であるからであろう。

また蛇足ながら「インドラ・ジャーラ（indra-jāla）」というサンスクリット語は「インドラの網」という意味で、漢字では「帝網」などといわれるが、いわゆる魔術のことをいう。それはインドラのトリックスター性にもとづくものである。

また「インドラ・チャーパ（indra-cāpa）」とは「インドラの弓」ということであるが、「虹《にじ》」のことをいう。

そして「インドラ・ニーラ（indra-nīla）」とは「インドラの青」ということで、「サファイア」のことをいう。

インドラはインド文化史の上でもこのように種々の影響を現在にまで及ぼしている神である。

（松濤誠達）

水《すい》天《てん》

水天宮《すいてんぐう》さんはお産の神さまである。妊婦が腹帯をする時期になると、かの女は水天宮さんにお参りして出産の無事とやがて生まれる子の健康を祈り、腹帯をさずけていただくのである。子どもが生まれるということはだれにとっても非常に重大な、しかも厳然としたできごとである。まさに妊婦と子の無事を願うのは、人間としての真《まこと》の心情であり、何人《なんぴと》もそれを否定しえないであろう。

この水天は本来インドの神であった。それが仏教とともに日本にまで伝えられたのである。しかも、この神はインド・アーリヤ人種がインドに侵入する以前にまでさかのぼるまことに古い神である。

サンスクリット語でこの神はヴァルナ（Varuṇa）という。この神は、インド・ヨーロッパ語派の最古の文献である『リグ・ヴェーダ』のなかで最も重要な神の一つである。

またこの神はメソポタミアにおいても信仰の対象であったことが知られている。すなわち、ミタンニの王であるマティワザとヒッタイトの王スッピルリウマとの間にかわされた盟約文（ほぼ西紀前一三八〇年に締結）のなかにこの神の名があらわれているのである。また、イランの『アヴェスタ』にあらわれるアフロー・マズダーとヴァルナを同一視する学者もある。

ヴァルナは『リグ・ヴェーダ』においては非常におそろしい神であり、いわゆるアスラ（asura）の典型である（「阿修羅」の項を参照）。

第一にヴァルナは宇宙運行の秩序であるリタ（天則）をつかさどっている。それは自然、人為的な文明そのいっさいをつらぬく原理であり、何者といえどもこれにさからうことはできない。かれの力はまったく不可思議なもので、それはマーヤーとよばれる。

かれには多くのスパイがいる。スパイは所々にいて、リタが正しく守られているかをみまもっている。リタにそむく人間は、ヴァルナのもつ捕縄によって捕えられ、腹水病とされてしまう。よどんだ水はヴァルナに属するものである。腹のなかに水をとどまらせた腹水病も、したがって、ヴァルナのなせるわざなのである。ここに、胎児を浮かせてこれを保護する羊水とヴァルナとの関係を見ることができるであろう。羊水も腹のなかにとどまった水なのである。

またヴァルナが水等のものをとどめおく力をもつと考えられ、その力は出産の際の障害や不妊ともきわめて深い関係があると考えられていた。

　このような点に、ヴァルナが水の神であるとともに出産の神であるとする、とくにわが国における水天宮信仰の萌芽《ほうが》を見ることができると思われる。

　こう考えると、『リグ・ヴェーダ』という最古の時代に、ヴァルナは水の神となる素質をもっていたし、同時に、出産の神としての側面もあわせもっていたことが理解される。

　一方、このヴァルナはミトラ（Mitra）という神ときわめて近い関係にある。ミトラは前に述べたスッピルリウマとマティワザの間に締結された盟約文にもあらわれるし、イランの『アヴェスタ』にもミスラ（Miθra）としてあらわれている。これもヴァルナとともにきわめて古い神である。

　ミトラについても現在までに多くの学者が種々の意見を主張してきた。たとえば、太陽神、火神、契約の神、夜空の神、律法神などとしてミトラを考える学者がある。ミトラという語が「契約」の意味をもっていたことについては問題はないのであるが、その性格はいまだに不明瞭《ふめいりょう》である。それを正しく見きわめるためにも、この神ときわめて近い関係をもつヴァルナとの関係において考察する必要があると思われる。

『リグ・ヴェーダ』以来、この両者は「ミトラー・ヴァルナウ（Mitrā-Varuṇau）」などの形で、一対となって述べられることが多く、両者間の関係の緊密さが理解される。そして両者の関係は、「ヴァルナは夜であり、ミトラは昼である」、「ヴァルナは沈みゆく太陽であり、ミトラは昇りつつある太陽である」、「ヴァルナは吸気であり、ミトラは呼気である」、と表現されることからもわかるように、たがいに対立的でありつつ、かつたがいに補足的であると考えられる。ヴァルナ的な力から解放する力、これがミトラと深くかかわっていることはまず確実であろう。ヴァルナとミトラとが一つの神格をもつ二つのことなった側面であると考えてもけっして不自然ではない。

ヴェーダにおいてこのようにきわめて重要であったヴァルナは、それ以後すっかりそのはなやかさを失ってしまった。かれはしだいに単なる水の神となっていったのである。たとえばヒンズー教の聖典である「プラーナ」などでは、ヴァルナはヴェーダ時代と同様に捕縄をもつが、プシュパ・ギリ（Puṣpa-giri 花の山）という所に住む。かれは水を通さないかさをもつといわれたりする。かれの妻はヴァルナーニーまたはヴァルニーとよばれるが、酒の神であり、神々と阿修羅とが不死をもたらす飲み物であるアムリタ（amṛta 甘露《かんろ》と訳される）を求めて乳海を攪拌《かくはん》したとき、乳海からあらわれでたとされている。

ヴァルナは仏教にとり入れられて中国をへて日本にまで伝えられ、「水天宮さん」としていまだに信仰を得ているが、ミトラのほうは日本に影響を与えなかった。それは、『リグ・ヴェーダ』においてミトラのみを対象としてささげられている讃歌がたった一篇にすぎないということからもいえるように、古代インドにおいてすでにヴァルナに比していわば影のうすい神であったことにもよるであろう。後世のインドの文献でも、ミトラに言及されることはきわめてまれである。

しかし、イランの『アヴェスタ』に見えるミスラはことなっていた。ミスラは光の神の様相を帯びながら、いわゆる「ミスラ教」の主神となったのである。そしてこの信仰は、中近東方面に遠征したローマ軍兵士の信仰を得て、ヨーロッパ社会に導入されたのであった。キリスト教の伝播《でんぱ》以前のヨーロッパにおけるミスラ教の勢力はかなり強大であったらしく、一時はローマ帝国の国教とされたことさえあったといわれ、キリスト教の敵とも考えられていた。近年この方面の研究もしだいに盛んとなり、ミスラ教研究の国際学会も数回開催されて、その成果も書物の形で出版されている。

（松濤誠達）

弁才天《べんざいてん》

弁才天はもと辯才天と書かれ、芸術や弁舌の女神として広く民衆の信仰を集めている。また、辨財天とも書かれ、福徳の神とも考えられている。「辨」は成立させるという意味だから、財宝をもたらす神と見なされたものである。一般には、「辯才天」と書くほうが古く、「辨財天」(あるいは「辨才天」)はそのあて字であると考えられる。だから財宝の神としてのイメージは「辨財天」というあて字が普及してから成立したものである、といえそうである。しかし、それは単なるあて字なのであろうか？

弁才天は古代インドの女神サラスヴァティー(Sarasvatī)の漢訳である。サラスヴァティーは学問・芸術の女神であるが、もとをただせば河川の神であった。インドにサラスヴァティー(サルスーティ)という河があり、それが神格化されたものといわれる。ただし、サラスヴァティーとは本来、「水(サラス)を有する」という意味の語の女性形であり、河川一般をさすと考えられなくもない。この点ではインダス(シンドゥ）河の場合と同じである。サラスヴァティーに対する讃歌はすでにインド最古の文献『リグ・ヴェーダ』（七・九五）に見られる。以下、辻直四郎《つじなおしろう》博士の日本語訳を抜粋する。

「奔湍《ほんたん》と滋養とをもって、このサラスヴァティーは流れいでたり……。諸川の中にただ独《ひと》り、サラスヴァティーはきわだち勝《まさ》れり、山々より海へ清く流れつつ、広大なる世界の富を知りて、ナフスの族《うから》（人類）にダリタと乳とをいだしきたれり。

……

またかの名高き、恵み深きサラスヴァティーは、この祭祀において、快《こころよ》く享《う》けてわれらに耳傾けんことを……。彼女は富を伴侶とし、〔あらゆる〕友（他の河川）に勝《まさ》る。これらの〔供物〕を、汝ら（詩人の庇護者）よりの〔ものとして〕頂礼もて捧げ、―サラスヴァティーよ、〔この〕讃頌《さんじゅ》を嘉《よみ》せよ。……。ヴァシシュタ（本篇の詩人）はここに汝のため、サラスヴァティーよ、天則（讃歌）の両扉を開けり、恵み深き〔神〕よ。うるわしき〔神〕よ。――讃美者に増し与えよ、勝利の賞を授けよ。――汝ら神々は常に祝福もてわれらを守れ。」

（岩波文庫本七一―七二頁。傍線は筆者）

右の引用中、傍線部分、「世界の富を知りて」、「富を伴侶とし」により、サラスヴァティーに富の神の要素があったことがうかがえる。中国・日本で「辨財天」と書かれたこともまんざら単なるあて字とはいいきれないのである。そして、わが国において、弁才天が河や湖水、あるいは海の辺にまつられている点も、水と縁の深い最初期のサラスヴァティー女神の特性をうけついだものと考えられる。

後代になると、河川の女神サラスヴァティーは言葉の女神ヴァーチュと同一視され、学問・文芸の守護神と考えられるようになり、とくに詩人や文法学者によって崇拝された。

インド古典期の詩人たちは、毎朝、サラスヴァティーの讃歌を朗誦《ろうしょう》してから詩学を勉強した。今日でもインドの文人や学者の書斎にはサラスヴァティーの像がまつられていることがよくある。サラスヴァティーの像は白い衣をまとい、白蓮華《びゃくれんげ》の上に坐《すわ》って（あるいは、立って）いる。その像はいつもヴィーナー（琵琶《びわ》）を弾いて数珠《じゅず》を手にもち、また書物をもっている場合もある。

サラスヴァティーは梵天《ぼんてん》（ブラフマー）の娘であるとも妻であるともされ、さらには梵天が娘のサラスヴァティーを愛して子どもをつくらせたという神話をも生むにいたった。また、シヴァ教やヴィシュヌ教のなかには、サラスヴァティー（＝ヴァーチュ）をシヴァあるいはヴィシュヌの性力（シャクティ）と考え、それぞれシヴァの妻、ヴィシュヌの妻と同一視する派もあらわれた。

（上村勝彦）

閻《えん》魔《ま》

死者の生前の罪を裁く王と考えられている。サンスクリット語のヤマ(Yama)の音を漢字で写したものが閻魔であり、焔魔、焔摩、剡魔、琰魔などと書かれたりする。またヤマ(yama)という形容詞が「一対をなす」の意味があるので、雙王などと訳され、また、獄主、獄帝などといわれたりする。

もともとインドの古い神であってインド最古の文献『リグ・ヴェーダ』にあらわれる神であるとともに、イランの聖典『アヴェスタ』では伝説的な王としてイマ(Yima)の形であらわれ、『リグ・ヴェーダ』でかれを「ヴィヴァスヴァット(Vivasvat)の子」というのに対し、『アヴェスタ』はかれを「ヴィヴァフヴァント(Vivahvant)の子」と称するので、これがインド・イラン語派共通の時期にまでさかのぼる非常に古い神格であることがわかる。

『リグ・ヴェーダ』において、ヤマは虚空のはるか奥にある住所にすむとされ、かれの道は「死」であるとされた。かれはときに「死」と同一視されたこともあったが、むしろ死者の楽園の王としての性格が強い。ヤマはその妹ヤミー（Yami）と双生児であるといわれ、『リグ・ヴェーダ』にはその兄妹間の対話讃歌を載せている。その内容には近親相姦《そうかん》の要素をもふくみ、その対話の意味するところはいまだ明確ではない。のちにヤマは黄色い衣を着け、頭には冠をかぶり、手には捕縄をもち、それによって死者の霊魂をしばり、みずからの国につれていくと考えられたりした。サンスクリットの叙事詩『マハーバーラタ』にはヤマをめぐる美しいエピソードが記されている。

アシュヴァパティという王があったが、かれには子がなかった。そこでサーヴィトリーという女神に王は無数の祭祀《さいし》を実行し、その女神の恩恵によって、一人の美しい娘が生まれた。女神にちなんで、かの女はサーヴィトリーとなづけられた。やがてかの女は年ごろになると、まことに美しいりっぱな女性となった。そして父王の命令により、理想的な夫をさがすために、かの女は旅に出て、むかしシャールヴァという国の王で、その当時敵のために国を追われていたドゥユティマット・セーナ王の息子・サトヤヴァットを理想的な夫とさだめる。かの女は、帰国してそのことを父王に告げる。王のかたわらにいた仙人ナーラダは、これを聞き、「サトヤヴァットはまことにりっぱな若者だが、今から一年ののちに死ぬ運命にある」と答えた。王は娘にべつの夫をさがすように命じたが、かの女の決心は変わることはなかった。

王は仙人の予言を気にしながらも、みずからサトヤヴァットの父であるドゥユティマット・セーナを訪問し、サトヤヴァットとサーヴィトリーを結婚させたいむねを伝えた。もとよりドゥユティマット・セーナも大賛成で、二人はめでたく結婚した。しかし、かつての仙人の予言が新婚のサーヴィトリーの心から去ることはなかった。

やがてあと四日でサトヤヴァットが死ぬという日がやってきた。サーヴィトリーは何とかして夫をすくいたいと、三日三晩休まずに立ちつづけるという願をたてた。ドゥユティマット・セーナをはじめとする人びとはかの女をなぐさめるが、かの女はけっして坐らなかった。やがてサトヤヴァットが死ぬはずの日がやってきた。サトヤヴァットはその日、森にでかけるという。サーヴィトリーは疲れてはいたけれど、かの女を案ずる義父母の許しをやっとえて、サトヤヴァットにしたがって森に出かけていった。しかし、かの女の心はいつサトヤヴァットが死にはせぬかと心配のためにふるえていた。

やがてサトヤヴァットは頭痛をうったえた。サーヴィトリーはいそいで夫をいだき、ひざに夫の頭をのせてやすませた。しかし、サーヴィトリーは、今こそ夫が死ぬときなのだと感じた。

そのとき、目の前に黄色い衣とターバンをつけ、太陽のように輝かしく美しく、黒い色をして、目が赤く、手に捕縄をもって、じっとサトヤヴァットを見おろしている一人の男がいるのをサーヴィトリーはみつけた。「あなたはどなたですか。」とかの女がたずねると、その男は「わたしはヤマである。サトヤヴァットの寿命がつきたので、しばって連れて行くのだ。」と答え、サトヤヴァットの身体から親ゆびほどの大きさの霊魂を引きだし、縄でしばって南の方に立ち去っていった。サーヴィトリーは、一生けんめいにヤマのあとを追い、「わたしの言葉をお聞きください。」と願った。ヤマはかの女のまごころにうたれて、「サトヤヴァットのいのち以外のものなら、願いをかなえてやろう。」といった。そこでかの女は、義父の健康と王権の回復、自身の父であるアシュヴァパティ王に王子が生まれることと、自分たち夫婦に男の子が生まれること、を順番に願い、それをかなえるという約束をえた。そして最後に、「わたしたち夫婦に男の子が生まれるという約束をしたのだから、ぜひサトヤヴァットを生きかえらせてください。」と願った。ヤマはサーヴィトリーのまごころにうたれ、かの女に祝福の言葉を与え、サトヤヴァットをよみがえらせると約束した。このようにしてサトヤヴァットはいのちを回復し、以後しあわせにくらした。

このサーヴィトリーは、インドの貞淑な女性のかがみのように考えられている、インド人にとっての理想的女性像といえるであろう。

このヤマは、やがて死者の審判を行う神とされるようになったが、やがて地蔵信仰などと混じ、中国に伝達された。インド古来からあった「地獄」という考えを基礎にし、さらに道教の俗信仰がくわわって、十王などの信仰が成立したのである。目をらんらんと輝かせ、鼻はあくまでも高く、あからがおで、黒い冠をつけ、赤い衣裳《いしょう》をまとった閻魔大王の姿がこのようにして成立してきたのであった。このような閻魔のイメージは、まさに死者を、その生前になした善悪の行為を尺度として、裁く裁判官としてのものである。

日本にも中国のこの考えを受けた信仰が伝えられていて、たとえば、生前に悪い行いをした亡者を閻魔の命令で苦しめる鬼を「閻魔の卒」といい、亡者の裁きを行う場所を「閻魔の庁」という。また、亡者の生前の悪事を書きとめたノートブックを「閻魔帳」というが、これはだれしも知るとおり、学生の出席やら成績、さらにはその品行などを書きとめた教師のノートのことをもいう。学生にとってはまさにおそるべきノートブックである。学生のときから不思議に思っていたことだが、先生の「閻魔帳」がほとんどおしなべて「黒」い表紙なのはなぜだろう。ときにはピンクとかグリーンとか明るい色のものがあってもよかろうと思うのだが……。これも閻魔の日本的イメージによるものだろうか。それは、「黒」のもつシンボリズムとの関連の上でも興味のあることだと思う。

日本では、いろいろな場所に閻魔堂が建てられたりした。一月十六日および七月十六日は閻魔の縁日で、どういうわけか「藪《やぶ》入り」の日である。祖母が「その日は地獄のかまのふたの開く日なのだよ。」と幼い筆者に語ってくれたことを思い出す。公害だの交通禍だの薬害だのと、この世もだいぶ地獄の様相を帯びてきたのではないだろうか。年に二日くらい、この世の地獄にもカマのふたが開く日があっても、閻魔の落ち度にはなるまいと思うのは筆者だけのボヤキだろうか。

（松濤誠達）

餓《が》鬼《き》

餓鬼とはサンスクリット語のプレータ（preta）の訳語であって、「鬼」とも訳される。サンスクリット語のプレータは、古い言葉だが、二つの意味をもっている。一つは「死んだ人」という意味であり、他は「死んだのだが、まだサピンディーカラナという儀礼がその人のために行われていない人」という意味である。サピンディーカラナとは、一種の送葬儀礼であって、祭祀文献によってことなるが、死後一年目、死後十一か月（または六か月とも四か月ともいう）目、もしくは死後十二日目に行われる儀礼とされている。その手続きの詳細は、今ここでは省略するが、この儀礼はバラモンに対する謝礼の贈呈をもって完結するもので、それによって「プレータ」は「祖霊」の仲間に加えられるのである。したがって「プレータ」とは「死んだ後で、まだ祖霊にくわわっていない死者の霊魂」ということになる。そのためか、プレータにはあまりよいイメージが与えられていないのも事実である。

一方、仏教はこれをとり入れて、人間がこの世で行った行為のいかんによって次の世に受ける生存の状態の一つにくわえられた。その生存の状態とはふつう六種あって、六趣とか六道とよばれ、地獄、餓鬼、畜生、阿修羅、人間、および天（＝神）がそれである。

仏教文献は餓鬼について種々の説をあげ、必ずしも一致していない。たとえばある文献は、餓鬼に三種類あって、その一つは、つねにのどの渇《かわ》きに悩まされるが、水を見つけるとそれは血膿《ちうみ》となって飲むことができないという餓鬼であり、次は、口がまるで針のように細く、腹がふくれ、飲み物や食べ物を食べることができないものであるという。またべつの餓鬼は、物を飲んだり食べたりするとそれが火となって燃えあがり、食べられず、餓《う》えと渇きにひどく悩まされているものであり、または、糞便《ふんべん》しか食べられない餓鬼、自分の肉を食うものなどがあるといわれたりもする。

筆者は昔から健康なほうなのであるが、夏の盛りの暑い時期に扁桃腺《へんとうせん》をはらし、熱がさがらず二週間ほど寝こんだことがある。そのときも苦しかったが、むしろまいったのは熱がさがった以後であった。熱のためか薬のせいか、かなりひどい口内炎となってしまったのである。熱がなくなったので食欲はあるのだが、いや、ひどく空腹なのだが、口のなかがひぶくれのようになり、なにひとつのどを通らない。熱い物はもとより、冷たいものもだめ、ぬるいかゆも口にザラザラとあたり、その痛みに涙が出そうになる、というありさまで、はずかしい話だが、まるで生きながらの餓鬼であった。この意味で、餓鬼はこの世に存在するのである。

俗に子どものことを「餓鬼」ということがある。「うちの餓鬼が学校で……」などといったりする。それはおそらく子どもがいつも腹をすかしていたり、あるいは食事をガツガツ食べたりするからであろう。チベット語では、餓鬼のことをイダ（yi dvags）というのだが、筆者の若いチベット人の友人は、「日本では俗に子どものことを餓鬼というのだ」と話したら、「チベットでも子どもをしかるとき、イダということがある」といった。もしほんとうならおもしろい一致だと思う。

（松濤誠達）

夜《や》叉《しゃ》

夜叉とは、サンスクリット語のヤクシャ（yakṣa）あるいはその俗語形のヤッカ（yakkha）の音を漢字で写したものである。ときには薬叉などの漢字があてられたり、勇健、能啖鬼《のうかんき》などと翻訳されることもある。謡曲などに「外面似菩薩《げめんじぼさつ》、内心如夜叉《ないしんにょやしゃ》」などといわれたり、鬼神《きじん》のごとくにあらあらしい人を夜叉のようだといったり、舞などにもちいるおそろしい面が夜叉の面といわれたり、われわれのもつ夜叉のイメージは、少なくともおそろしい鬼としてのものである。

甲府《こうふ》から南アルプスに入るその入り口に夜叉神峠《やしゃじんとうげ》という所がある。そこからは、日本第二の高峰である北岳《きただけ》を中心とした、いわゆる白嶺三山《しらねさんざん》がながめられ、その景色は魅力的であり、なぜおそろしいイメージをもつ夜叉の名がつけられたのかふしぎなくらいである。ヤクシャというサンスクリット語の最も古い意味が「すばらしいあらわれ、ふしぎな出現」であるといわれるが、夜叉神峠の絶景はむしろそのイメージにぴったりする。

ヤクシャの原意に近いアイディアは、後世に編纂《へんさん》されたサンスクリット叙事詩『マハーバーラタ』のなかのエピソードにもあらわれているので、簡単にそれを述べてみよう。

この叙事詩の主人公であるユディシュティラは敵を相手のかけごとにやぶれ、妻と弟たちをともなって森のなかでの孤独な生活をおくっていた。あるとき、かれはのどがかわき、弟に水をもってきてほしいとたのんだ。四人の弟たちはひとりひとり順番に水をさがしに行ったが、だれ一人もどってこなかった。最後にユディシュティラ自身が弟たちをさがしに出かけた。じつは弟たちは美しい湖をみつけたのであったが、近づいて水に手をふれようとすると、どこからともなく声がして、「これからする質問に満足な答えをするまで、水を飲んではならない。」というのであった。弟たちはその声を無視して水に手をふれたとたん、水のなかに引きこまれてしまったのであった。

ユディシュティラは、弟をさがしながらその湖を発見した。そして、きっと弟たちは何者かによって殺されてしまったのかもしれないと考えて水辺に近づいていった。するど、どこからともなく声が聞こえ、「わたしは鷺《さぎ》だが、これからする質問に答えてから水にふれてほしい。わたしはお前の弟たちを殺した。もしそうしないと、お前も死ぬことになるだろう。」というのであった。

ユディシュティラは、「鳥がそのようなことをできるはずがない。あなたはいったいだれなのですか。」とたずねた。

声は答えた。

「わたしはヤクシャである。鳥ではない。」

ユディシュティラはいそいで水辺を離れた。そのとき、ヤクシャはその姿をあらわした。それは、おそろしい目をし、身のたけは巨大でシュロの木のように高く、もえる太陽のように輝き、まるで小山のようで、樹木によりかかって立っていた。そして、雷のような声でユディシュティラに質問するのであった。ユディシュティラは次々にそれに答えた。ヤクシャは満足して、弟たちを生きたままかえした。

このなかでヤクシャは、はじめ姿をみせず、突如そのふしぎな姿をあらわす。それは、「ヤクシャ」という語の原意のイメージと重なりあうといえるであろう。また、ヤクシャが水と関係し、樹木によりかかっているということから、「樹」と関係の深いことが暗示される。

しかし、インド一般ではヤクシャはどちらかというと、財宝や富をつかさどるいわゆる半神としてあらわれることが多く、美しく優雅で、恩恵をおしみなく人に与えるイメージをもっている。その伴侶《はんりょ》は、ヤクシーまたはヤクシニーとよばれ、魅力的な若い女性としてえがかれ、なかば裸体のセクシーなイメージによって表現されている。これも森や樹木と関係がある。なお、この語が漢字で翻訳されたものが、夜叉女《やしゃにょ》である。

また、ヤクシャは財宝の神であるクベーラと深くかかわりあい、クベーラはヤクシャの王ともされる。なおクベーラは、仏教では毘沙門天《びしゃもんてん》とされている（次項参照）。ヤクシャは仏教にもとり入れられた。それは仏教を守護する八種の神的なもの（八部衆）のうちにふくめられている。また、毘沙門天の配下として八大夜叉をあげることもある。また仏教文学では、セイロン島ともいわれるランカー島には夜叉女がいて、船員やら貿易商を誘惑しては殺して食べたという話がしばしば述べられている。

このようにヤクシャやその伴侶が、その性格の一面に、おそろしい点をもっていたことは確実である。しかし、ヤクシャがおそろしい鬼神として定着したのがいつかは明らかではない。おそらく、ヒンズー教の密教的な傾向、あるいは、仏教の密教のなかでしだいに定着していったものではなかろうか。

近代のインドでも、ヤクシャおよびその伴侶であるヤクシニーは生きている。しかし、それは悪魔的な妖精《ようせい》としての場合が多く、たとえば、ヤクシニーに対するマラーティー語ジャーキン（jākhin）は出産で死んだり、水死した女性の霊であるとされている。なおヤクシャに関しては、S. Sen: 'On Yakṣa and Yakṣa Worship, *India Maior, Congratulatory Volume Presented to J. Gonda*, Leiden, 1972, pp. 187–195. を参照した。

（松濤誠達）

毘沙門天《びしゃもんてん》

毘沙門天はわが国では七福神の一つとされるが、毘沙門はサンスクリット語ヴァイシュラヴァナ（Vaiśravaṇa）の音訳である。仏教では須弥山《しゅみせん》の第四層にいて、四天王の一つとして、夜叉《やしゃ》や羅刹《らせつ》を従者とし、北方を守護する神と考えられている。ヴァイシュラヴァナは多聞天《たもんてん》とも訳されるが、それは、ヴァイシュラヴァナの語源を〝シュル〟（√śru 聞く）という動詞語根に求めたためである（√śru→vi-√śru 明瞭に聞く→vi-śravaṇa→vai-śravaṇa）。

そして、「常に仏の道場を守護して法を聞くゆえに多聞天と名づける」とか、「その福徳の名声が遠く十方に聞こえるがゆえに多聞天と名づける」とかいうように解釈されるが、いずれも通俗語源解釈にすぎない。それにしても、毘沙門天は仏教においては仏法守護者という武神の要素が強い。NHKの大河ドラマ「天と地と」で、上杉謙《うえすぎけん》信《しん》が戦いの神として毘沙門天を信仰していたことを記憶しておられる方も多いと思う。

毘沙門（ヴァイシュラヴァナ）は、もともとヒンズー教の神で、富の神クベーラ

(Kubera あるいは Kuvera）の異名である。財宝の神のイメージが残って、「施財天」と訳されたり、七福神の一つとされたものであろう。

クベーラは梵天《ぼんてん》（ブラフマー）の孫ヴィシュラヴァス（Viśravas）の息子である。ヴァイシュラヴァナという別名は、ヴィシュラヴァスに由来するものであろう(Viśravas ≑ Viśravaṇa→Vaiśravaṇa)。母の名はイラヴィラーという。叙事詩『ラーマーヤナ』で有名な羅刹《らせつ》王ラーヴァナは、かれの異母弟にあたる（『マハーバーラタ』の伝承は少し異なる）。

イラヴィラー
＝――クベーラ（毘沙門）
ブラフマー（梵天）―プラスティヤ―ヴィシュラヴァス
＝――ラーヴァナ
カイカシー

伝説によれば、太古、クベーラは、海洋と河川の神であったという。神々はかれにばく大な財宝を授けた。のちにクベーラは二万年間のはげしい苦行の末、ブラフマー（梵天）の恩寵《おんちょう》をえ、北方の守護神となった。方位の守護神としては、クベーラのほかにインドラ（帝釈天《たいしゃくてん》）、アグニ（火神）、ヤマ（閻魔《えんま》）、ニルリティ、ヴァルナ（水天）、ヴァーユ（風神）、イーシャが知られ、それぞれの方角を守護しているとされる。さらに、ブラフマーはクベーラに財宝と「プシュパカ」という名の空飛ぶ車を与えた。

父のヴィシュラヴァスはクベーラを讃《たた》え、かれに南方トリクータ山の頂上にあるランカーという都市を与えた。ランカーにいたヤクシャ（「夜叉」の項参照）たちは、クベーラの従者になった。元来、北方の守護神であるクベーラが南方に行ったのは、これが最初で最後であった。異母兄のラーヴァナはクベーラからランカーの都を奪い、さらに天車「プシュパカ」をとりあげた。クベーラはラーヴァナを呪詛《じゅそ》して、「この車はお前を殺した者の乗り物となるであろう」と予言した。ランカーを追われたクベーラは、ヤクシャやキンナラたちをつれて北方に行き、一時、ガンダマーダナ（香酔山）に住み、それからヒマーラヤ山脈のカイラーサ山の都市アラカーで、半神たちに囲まれてこの上もない豪奢《ごうしゃ》な生活を送った。しかし、やがてラーヴァナはかれの忠告をさかうらみし、羅刹《らせつ》の大軍をひきいてアラカーに攻めよせ、はげしい戦闘の末、クベーラの宮殿から多くの財宝を略奪してひきあげていった。

その後、ラーヴァナは天車「プシュパカ」に乗って、ラーマ王子の妻シーターを奪ってランカーにつれ帰ったが、やがてラーマに殺された。「プシュパカ」はラーマの手にわたり、さらにクベーラのもとに返却された。

クベーラはヴァイシュラヴァナという別名のほかにも、「アラカーの主」、「財宝の主」、「財宝の守護者」、「夜叉の王」、「カイラーサに住むもの」、「王中の王」(ラージャ・ラージャ)、「羅刹の王」を意味するさまざまな異名でよばれている。

(上村勝彦)

韋《い》駄《だ》天《てん》

韋駄天は、スカンダ（Skanda）を「私建陀」とその発音を漢字で写したものが、しだいに誤記されて「韋駄」とされたものであるともいわれている。つまり、「私」が脱落し、「建」が韋と誤記され、「陀」が「駄」の字におきかえられたのであろうと考えられるが、その経緯は明らかではない。「韋駄天」の「天」とは神の意味である。

韋駄天はもともとインドの神である。それが仏教にとり入れられ、仏教の守護神として増長天の八大将軍の一人にくわえられたもので、「韋駄天走り」などといわれるように、その走るスピードの速いことで知られている。ドイツのインド学者であるアルブレヒト・ヴェーバーによると、西暦前三二七年に西インドに侵入し翌年インドを去り、疾風のごとくにインドをおそったギリシアのアレクサンドロス大王の姿が、この韋駄天のなかに投影されているとされる。韋駄天の韋駄とはその名の転訛《てんか》であるというのである。しかしこれも一説にすぎない。

インドでは、スカンダという神は比較的新しい神である。インド最古の文献であり、インド・ヨーロッパ語派の最古の宗教文献の一つでもある『リグ・ヴェーダ』以来、「スカンダ（skanda）」という言葉はあらわれるが、神の名としてあらわれるのは、サンスクリットの大叙事詩『マハーバーラタ』、『ラーマーヤナ』および「プラーナ」とよばれるヒンズー教の聖典である。そしてかれにかかわる神話も記されている。

ダプタ王朝に生き、インド最大の詩人と称せられ、サンスクリット文学の最高峰といわれるカーリダーサは、おそらく四世紀の後半から五世紀の前半の人と考えられている詩人であるが、その神話を素材として、美文体の詩により、スカンダの誕生をめぐる美しい叙事詩『クマーラの誕生』を著した。クマーラ（Kumāra）とは王子のことであるがスカンダの別名でもある。ついでにスカンダにはカールッティケーヤ（Kārttikeya）という別名がある。

この叙事詩にしたがってスカンダに関する物語を述べてみよう。

山の王であるヒマーラヤ（Himālaya）は、その王たるにふさわしい、東西の海にまたがる壮大な山であった。その娘にパールヴァティー（Pārvatī）があった。パールヴァティーとは「山」を意味するパルヴァット（parvat）からつくられた言葉である。また、かの女の別名をウマー（Umā）という。かの女は生まれついての素質はもとより、年ごろになると、あらゆる女性としての美しさを身につけた、理想的な女性に成長した。

おりしもターラカという強力な悪魔があらわれ、かれのために神々は敗北し、さんざんのめにあっていた。神々はなんとかしてターラカを退治しようと考え、最善の策をえようとブラフマン（梵天）のもとにつれだって出かけた。ブラフマンとは世界を創造した神である。ブラフマンは、ターラカを破るためには、シヴァという神とパールヴァティーの間に生まれる男子だけがその力をもつので、それ以外によい方法はないと教える。そこで神々は、かれら二人を結婚させる方法を考えねばならなくなった。シヴァとは、三つの眼をもち、ひたいに三日月をいただき、頭には天から流れ落ちるガンジス河を受け、そののどは竜の毒を飲みこんだために青黒くなっているという、みるからにおそろしい姿をした神であり、善い人びとにはあますところなく恩恵をたれるが、悪人に対してはきびしく罰するという性質をもっている。またかれは非常に「かたぶつ」の神で、そのときもヒマーラヤの山中で虎の皮の上にすわり、かもしかの皮を衣とし、非常にはげしい苦行を行っていた。この神を結婚させること、それはなんといっても至難のわざであった。

一方、ヒマーラヤは年ごろになったパールヴァティーに理想的な夫をさがしたいと考えたが、結局、かの女にふさわしい夫はシヴァ以外にないと考えついた。そこでヒマーラヤは娘に命じ、苦行を行っているシヴァの世話をさせるためにかれのもとに行かせることにした。美しいパールヴァティーは心をこめてシヴァの身辺の世話をしていた。

シヴァとパールヴァティーを結婚させるため、神々は愛の神であるカーマに依頼することにした。カーマは、ローマ神話のクピド（キューピッド）に非常によく似ている。手には砂糖キビのくきでできた弓をもつ。その弦は黒い色をした蜂《はち》であるとされ、五本の花の矢をもっている。カーマがその矢を射こむと、射られた人は男女を問わず恋をするというのである。カーマにはラティ（快楽）という妻があり、かれの友人には春の神であるヴァサンタがある。

カーマはその依頼を受けて、弓矢をもち、妻のラティと友人のヴァサンタをひきつれてシヴァの苦行している所に出かける。もちろんシヴァは苦行に専念しているさなかである。そこでまずヴァサンタが周囲を春にしてしまった。シヴァのまわりには花がさきみだれ、鳥は楽しくさえずり、みつばちが蜜《みつ》を求めて飛びかい、心の浮き立つふんいきとなった。そこでカーマは、自慢の弓に矢をつがえ、ものかげにひそんで、シヴァに矢を射こむべきチャンスをねらっていた。

シヴァにつかえているパールヴァティーは、色とりどりの花をつんで花環《はなわ》をつくった。もちろんシヴァにささげるためである。そしてその花環を手にして静かに苦行中のシヴァに近づき、それをささげようとした。おりしも、シヴァは精神統一の状態からしだいにめざめ、その目をゆっくりと開いていった。花環をささげるパールヴァティーの目とシヴァの目がふと出あったとき、そのチャンスをとらえて、カーマはシヴァめがけて矢を射かけたのである。しかし、その瞬間、シヴァはものかげにかくれていたカーマを発見してしまった。そしてシヴァはそのひたいにある第三の目から火を放ってカーマを焼き殺してしまった。以後カーマはアナンガ（身体をもたぬ者）とよばれるようになった。愛は姿形こそもたないが、人の心のなかに生きることになったという。

シヴァは苦行をさまたげられて怒り、いずこへともなく立ち去ってしまった。パールヴァティーもシヴァを失って落胆し、父のヒマーラヤのもとに帰っていった。

夫カーマを失ったラティの悲嘆は大きかった。古代インドでは夫が死んだとき、夫の死体を焼く火のなかにみずからとびこんで焼け死ぬことが、貞淑な妻のなすべきことと されている。このような風習をサティーという。サティーという語はまた「貞女」の意味にももちいられる。ラティは夫が焼け死んだ火にとびこむいとまもなかったことをなげき、焼け死んだ夫の灰を抱いては、すでに過去のこととなってしまった夫との愛の日常をふりかえりつつ悲しんだ。

一方、パールヴァティーのシヴァを愛する心は日に日につのるばかりであった。なんとかしてシヴァに逢《あ》いたいのであるが、恋しい相手は今はどこに行ってしまったのか知るすべもない。そのとき、かの女はふと思いついた。シヴァは苦行をつかさどる神である。それならばだれにもまねのできないような苦行を行うならば、きっとシヴァがあらわれるにちがいない。そこでパールヴァティーは非常にはげしい苦行をはじめた。やがて雨期となってもかの女は苦行を続けた。

その後、ときがたって、パールヴァティーが苦行を行っている場所に、一人のバラモンがやってきた。かれはかの女が苦行しているのを見て、いぶかしそうにかの女にたずねた。

「うら若く、美しいあなたがなぜこのようなはげしい苦行を実行しているのか。」

パールヴァティーは自分の気持ちをうちあけ、シヴァに逢うために苦行を実行しているのだと説明する。するとバラモンは「目が三つあったり、獣の皮を身にまとっているシヴァのような男のいったいどこがよいのか。」といって、シヴァの欠点をあげ、パールヴァティーにあきらめるよう説得した。これを聞くとパールヴァティーはすっかり怒り、バラモンに対して反論した。そのときバラモンの姿が消え、そこには愛するシヴァの姿があらわれたのであった。

このようにして、シヴァとパールヴァティーの結婚が成立した。その結婚式は厳粛で、しかももろもろの文献の規定する通りに行われた。それ以後、パールヴァティーはつねにシヴァのただ一人の妻として幸福な生活を送る。やがてかれらはその住居であるカイラーサ山にむかって旅に出た。その道すがら、ある夕暮れに、シヴァは愛するパールヴァティーをかたわらに、美しい夕暮れの情景を、非常に叙情的に語り聞かせるのであった。

カーリダーサの作『クマーラの誕生』は全部で十七章からなっている。ここに記した内容はその第一章から第八章に相当する部分であって、これがカーリダーサの真作であるとされる。残りの第九章―第十七章は後世の付加である。したがってカーリダーサ自身はスカンダの誕生について述べていない。その誕生を他の文献によって述べると、次の通りである。

あるときシヴァがパールヴァティーとたわむれていたとき、火神であるアグニが鳩の姿をとってやってきた。シヴァはかれの精液をアグニに発射した。アグニはそれをもちこたえられず、それをガンジス河に投じた。その精液は、ガンジス河に沐浴《もくよく》にやってきたクリッティカーとよばれる六人の精女に移され、六人の精女はそれぞれ妊娠し、それぞれ男子を生んだ。この六人の男子はのちに一人に融合され、そこで六面をもち、十二本の腕と十二の目をもったスカンダがあらわれた。かれがカールッティケーヤとよばれるのは、クリッティカーを母とするからである。

スカンダはこうして悪魔ターラカをやぶるが、かれはヒンズー教では軍神と考えられている。

（松濤誠達）

鬼子母神《きしもじん》

「おそれ入谷《いりや》の鬼子母神」と俗にいわれるように、鬼子母神の信仰はいまでも生きている。子のない人が子を願って、出産の近い女性が安産を願い、子どもの健康を祈って参詣《さんけい》するのがこの鬼子母神である。

この鬼子母神はインドに由来するもので、サンスクリット語で「ハーリーティー(Hārītī)」という。もちろん女性の名であり、その音は漢字で訶利帝、訶利底とあらわされたりする。

この鬼子母神について、仏教の文献はほぼ次のような物語を伝えている。

王舎城《おうしゃじょう》にビンビサーラ王が支配していたとき、ある事件がおこった。それは幼い子どもたちが殺されるという事件であった。王の家来たちはそれを王に伝え、何とかしてその原因をつきとめてほしいと願った。ビンビサーラ王は調査した結果、鬼女のハーリーティーが子どもをとらえては食っていることを発見した。

しかし王はそれをどうすることもできず、結局ゴータマ・ブッダの助けを求めることとなった。そこでブッダはハーリーティーを訪ねたが、かの女がるすであったので、かの女の五百人の子どものなかでかの女が最もかわいがっていた息子のプリヤンカラをそっとつれてきてしまった。

やがてハーリーティーは帰ったが、プリヤンカラが行方不明になっているのを知り、半狂乱となって、あらゆる所にいってかれをさがし求めた。しかしどこにも見いだしえなかった。

すっかり落胆したかの女は、ブッダのもとを訪れた。ブッダはかの女に言葉をかける。

「おまえはたくさんの子どもをもっているのに、たった一人の子どもが見えなくなったからといって、なぜそのようになげき悲しむのか。」

ハーリーティーは答えた。「子を失って悲しむのは、子をもつ親のみしかわからないでしょう。」

ブッダは、「それを知っていながらなぜ人の子を盗むのか。」といい、「もしおまえが仏教に帰依するなら、プリヤンカラを返してやろう。」と約束した。かの女はこうして仏教に帰依した。

ブッダはそこでかの女の前生を示した。

ハーリーティーは前世では鬼女ではなく、人間の女性であった。かの女は懐妊したが、多くの若い人びとが王舎城でお祭りさわぎをしている所に通りかかり、かれらとダンスをおどった。そのため、かの女は流産してしまった。しかしかの女は、そこである単独にさとりを開いた聖者とあうことができ、その聖者に五百個のマンゴーを寄進することができたのであった。かの女は流産したとがにより、死後鬼女となった。しかし、聖者に五百個のマンゴーを寄進したことによって、五百人の子を産むことができたのであった。そして、聖者にあうという善い行為の結果として、ゴータマ・ブッダとあい、仏教に帰依することができたのであった。

鬼子母神は右手に吉祥菓《きちじようか》とよばれる果実をもった姿をしている。この吉祥菓とは一般にザクロであるとされ（そうでないとする説もある）、またときには、ザクロの実が人間の肉の味がするので、「子どもを食いたくなったときにこれを食べよ。」といって、ゴータマ・ブッダが鬼子母神に与えたものともいわれる。

唐《とう》代の義浄《ぎじよう》（六三五―七一三）の著した、インドその他における仏教事情の見聞録である『南海寄帰伝《なんかいききでん》』によると、その当時のインドの寺院でハーリーティーがまつられ、信仰の対象とされていたことが推定される。

また、とくに日蓮宗において鬼子母神は重要視され、また真言密教でも鬼子母神に対する修法が行われるといわれる。

（松濤誠達）

人非人《にんぴにん》

人非人《にんぴにん》とは、人であって人にあらざるものという意味で、一般には、人の道にはずれたことをする者、人なみ以下の者という悪い意味でもちいられる。「この人非人め」というように、人を非難する場合に使われるのである。

人非人の原語はサンスクリット語キンナラ（kiṃnara）であるという。すなわち、キンナラというサンスクリット語が漢訳仏典で「人非人」と訳されている例があるということである。キンナラは「緊那羅《きんなら》」などと音訳されている。また、単に「非人」と訳されることもある。「人でないもの」という意味である。ある学者によれば、キンナラとはもともと猿のことであり、のちに天の楽人を意味するにいたったという。そして、おそらくインドの宮廷に使われていたギリシア婦人の悲しげな声（kinya）に由来して、この語がつくられたのであろうと推測する。

インド古典文学に登場するキンナラは、財宝の神クベーラ（＝毘沙門天）につかえ、その前で音楽を奏する半神の一種である。キンナラは身体は人間であるが、首から上は馬頭である。もっとも、神通力をもつ半神であるから、完全な人間の姿をとることもある。

キンナラはしばしばキンプルシャ（kimpuruṣa）と混同される。「ナラ」も「プルシャ」も「人」という意味であるからだろう。キンプルシャもクベーラ神につかえる半神族であるが、こちらのほうは、身体が馬で頭が人間であるとされる。

『法華経』のうちでも最もポピュラーな、普門品《ふもんぼん》、いわゆる「観音経《かんのんぎょう》」に、「四衆《ししゅ》天《てん》　竜《りゅう》　夜叉《やしゃ》　乾闥婆《けんだつば》　阿修羅《あしゅら》　迦楼羅《かるら》　緊那羅《きんなら》　摩睺羅伽《まごらが》　人非人等《にんぴにんとう》……」という個所がある。注意しなければならぬのは、この場合の「人非人」は「人と非人」という意味である。それは梵文原典によってもたしかめられる。すなわち、四衆《ししゅ》（男女の修行僧と男女の在俗信者）をさして「人」といい、天、竜、夜叉《やしゃ》、乾闥婆《けんだつば》、阿修羅《あしゅら》、迦楼羅《かるら》、緊那羅《きんなら》、摩睺羅伽《まごらが》（これらを仏教では天竜八部衆とよぶ）を総称して「非人」（人にあらざるもの）といったのである。「天」は神々である。「竜」、「夜叉」（ヤクシャ）、「阿修羅《あしゅら》」（アスラ）については本書のそれぞれの項を参照していただきたい。

「摩睺羅伽」はサンスクリット語マホーラガ（mahoraga）の音訳、すなわち大蛇のことである。乾闥婆《けんだつば》はサンスクリット語ガンダルヴァ（gandharva）の音訳で、キンナラと同じような半神族の一種とされる。ヴェーダ期にあっては神酒ソーマの番人とされ、水の妖精アプサラスたちを妻とするとみなされた。それと同時に、結婚の守護神とも考えられ、恋愛結婚はガーンダルヴァ婚とよばれた。後期においては、キンナラと同じように天上の音楽師とみなされ、アプサラスたちとともに帝釈天（インドラ）の宮廷につかえるとされるようになった。天空を自由に飛びまわることなどの神通力をもつとされ、「ガンダルヴァの都」というと蜃気楼《しんきろう》のことである。

すなわち、「観音経」における「人非人」は「人と非人」という意味で、非人(amanuṣya)とは、神々、竜、ヤクシャ、アスラ、ガルダ、キンナラ、マホーラガの総称である。

（上村勝彦）

V　仏教の実践と日本人

仏教が日本へ入ると、人々の生活や習俗を改めた点が多い。われわれ日本人の生活や行動は、意外なところで仏教に導かれている。そのあとを示すことばを拾ってみよう。

いちおう次の三種類に分けることにする。

A　原理に関するもの　「解脱」、「利益」、「呵責」、「中道」、「外道」

B　修行に関するもの　「阿羅漢」、「乞食」、「精進」、「三昧」、「六根清浄」、「酒」、「伝法」

C　他人に対する奉仕に関するもの　「出世」、「方便」、「廻向」、「供養」、「旦那（檀那）」

（中村　元）

解《げ》脱《だつ》

人間は死んだら、いったいどこへいくのであろう。――この問は、現代人にとっても、非常な難問である。

人間が死んで、完全な空無に帰してしまうとは、古代人にとっては、なかなか考えがたかったようである。かれらがいたりついたのは、魂不死の思想であった。身体が滅びても、霊魂は存在しつづけ、ふたたびこの世にもどってくると考えられたのである。これが、洋の東西をとわず、きわめて古くからあった輪廻《りんね》の思想である。西洋で記録に残っているものとしては、オルフェウス教やプラトン思想におけるものが知られている。

インドで輪廻思想を体系的に叙述しているのは、初期のウパニシャッド文献が最初である。正しい態度で生活した者は、死後、月の世界へ入ってこの世の善業の果報を享受したのち、雨となって地上にもどってくる。そして食物として人間に摂取され、精子となり、女性の胎内に入って新しい身体として再生する。悪の生活を送った者は、動物やこん虫として生まれ変わるというのである。

こうした考えを受け入れたとき、問題となるのは、生まれかつ死ぬという状態が、永遠にくりかえされることである。これは絶対に救いのない状況である。なぜなら、人間として安楽に暮らしていても、いつまたうじ虫にならないともかぎらないからである。生まれ変わったとしても、また死ななければならない。だから、なんとしてでもこの生死のくりかえしの輪から脱出しなければならない、と考えられたのである。

こうして、インドの哲学、宗教の課題は、ひとえに輪廻から脱する方法におかれたのであった。

輪廻から脱することを「解脱」とよんでいる。「解脱」は、中国でもちいられた漢字の意味としては、「くびかせなどをほどいて釈放すること」、「牢屋《ろうや》から脱走すること」を意味していた。この「解脱」が、サンスクリット語のモークシャ (mokṣa)、ヴィモークシャ (vimokṣa)、ヴィムクタ (vimukta)、ヴィムクティ (vimukti) などの訳語として当てられたのである。

このほかにも「解脱」の原語はいろいろあるが、右にあげたものは基本的なもので、いずれも動詞の語根ムチュ (√muc) から派生した語である。ムチュは、「ゆるめる」、「解き放つ」、「自由にする」などの意味である。

同じ「解脱」でも、学派によって内容はことなっていた。ウパニシャッドでは、宇宙原理たるブラフマンと自己との合一を意味していた。

ジャイナ教では、すべての業が苦行の実践によって滅しつくされたことを意味したのであり、シヴァやヴィシュヌなどの最高神を立てるヒンズー教諸派にあっては、「解脱」とは最高神とひとつになることであった。

仏教においても、「解脱」は、他の宗教と同じく、めざすべき究極の目標と考えられた。この世における苦しみ、老い、病気、死、憂い、悲しみ、喜怒哀楽などから離れ、安らぎある世界を求めて、それが達せられた状態が「解脱」であると考えられた。人間は、生や死などのさまざまな限定によって束縛されているが、「解脱」は、そうした限定を離れた自由の境界であった。

後世になると、身心がまだこの世に残っている有為《うい》解脱と、身心が滅した無為《むい》解脱を分けるなど、いろいろな分類解釈が行われるようになった。

ともあれ、迷いの世界にあるのも、自己を離れてほかにはない。解脱を求めるものも自己であり、解脱を体現するのも、また自己である。仏教が不断に求めつづけてきた「解脱」は、真実なる自己を、あるがままの自分本来の姿を、明らかに見出《みいだ》すこと、自覚することであった。

（松本照敬）

利《り》益《やく》

「利益」という字は、ふたとおりの意味で使われている。「りえき」と読めば、一般的な意味で、「もうけ」「とく」であり、「りやく」と読めば、仏教語で、「仏ボサツなどが衆生《しゅじょう》に対して恵みを与えること」の意味となる。前者は物質的な面でいわれるものであるが、後者は、物質、精神の両面をふくんでいう。

「利益」と漢訳されているサンスクリット語のアルタ（artha）は、非常にはばひろい意味で使われる語である。「利益」のほか、「目的」「対象」「意味」「財産」などの意味をもつ。

古くから、インドでは、アルタ（実利）は、ダルマ（法）、カーマ（愛欲）、モークシャ（解脱）とならんで、人生の四大目的の一つとして追求された。マウリヤ王朝を創始したチャンドラグプタ王の宰相カウティリヤに帰せられる『アルタ・シャーストラ』は、実利を人生の根本とみなして編纂《へんさん》された書である。

大乗仏教においては、ボサツという理想の求道者《ぐどうしゃ》像を描くが、ボサツとは、自分のアルタと、他人のアルタの完成をめざす人であるという。この場合、自分のアルタとは、どこまでも自己のさとりを求めてゆくことであり、他人のアルタとは、生きとし生けるものを苦しみから解放することを意味する。したがって、アルタの意味内容は、きわめて広範囲に及ぶ。

アルタのほかにも、「利益」と漢訳されているサンスクリット語は、アヌシャンサ(anuśaṃsa)やラーバ(lābha)などいろいろある。

アヌグラハ(anugraha)もその一つで、動詞アヌ・グラフ(anu-√grah)――「支持する」「受けいれる」――から派生しており、「好意」「親切」などの意味である。動詞ウパ・クリ(upa-√kṛ)――「助ける」「奉仕する」――から派生したウパカーラ(upakāra)――「奉仕」「援助」――も、「利益」と漢訳されている。

古代インドのヴェーダの宗教においては、人間が神々に対して祭祀《さいし》を行い、讃歌《さんか》をささげるならば、それを嘉《よみ》する神々が人間に利益を与えてくれると考えられていた。わが国でも、神仏に祈ることによって、ある種の結果がもたらされるとされ、その結果のことを、尊敬語として「御利益《ごりやく》」という。

「御利益」のサンスクリット原語は、ヒタ(hita)である。この語は、ダー(√dhā)という動詞の過去分詞形で、「置かれた」という意味であり、中性名詞として「利益」という意でもちいられる。

ところで、祈りと利益の関係は、たいへんに複雑であって、簡単に論じきれるものではないが、少しだけ考えをめぐらしてみよう。

A君が就職試験の合格を神に祈ったとしよう。残念ながらめざす会社から不合格の通知がきて、やむなくA君は第二志望の会社に入社する。実際上、御利益はもたらされなかったと思われる。しかしA君は考える。——自分は全力を尽くしたし、神にも祈った。それでもなお、めざす進路をとることはできなかった。これもまた神のみ心であろう——こうしてA君は、第二志望の会社で実力を発揮し、充実した生活を送ったとする。この場合、はたしてA君に御利益がなかったと断定できるであろうか。

B氏はギャンブルの勝利を神に祈る。その結果、B氏は大勝して大金を手中にしたとする。B氏は、御利益があったと大喜びするが、結果として勤労意欲を失い、酒におぼれて健康を害し、悪銭身につかずで、息もたえだえの生活を送るはめにおちいったとする。このような場合、ほんとうに御利益があったといえるのであろうか。

御利益の原語ヒタには、形容詞として、「健康によい」「幸福をもたらす」という意味がある。人間の幸福をもたらすのでなければ、御利益も無益にかわる。利益は、それをうけとめる人間の心のあり方いかんが問題となるように思われる。　（松本照敬）

呵《か》責《しゃく》

この語は、現代の日常用語としては、「良心の呵責にたえかねた」などと表現される言葉である。

まず、漢字の意味からみてみよう。「呵」には、「呵々大笑」というように、「笑う」という意味もあるが、この場合は、「せめる」「しかる」という意味である。「訶責」となっていることもあり、「訶」も「しかる」という意味である。「責」のほうも、やはり、「せめる」という意味である。結局、「呵責」は、「しかりせめること」の意味であることがわかる。

仏典において、いろいろなサンスクリット語が「呵責」と訳されているが、いくつかとりあげてみよう。

アヴァサーダナー（avasādanā）という女性名詞が「呵責」と訳されているが、これは、アヴァサッド（ava-√sad）という動詞の使役法アヴァサーダヤティ（avasādayati）から派生した語である。これは、「沈める」というのが原意で、「気持ちを沈める」

「落胆させる」から、「叱責《しっせき》する」という意味がでてきたものと思われる。

ガルフ（√garh）あるいはヴィガルフ（vi-√garh）という動詞も、「呵責」と訳されている。この動詞は、「とがめる」「非難する」という意味である。

修行僧の守るべき規律を記している律蔵のなかで、教団の儀式の作法、あるいは修行僧の生活に関する規定などを説いている部分を、犍度《けんど》品《ぼん》という。『四分律』には、その犍度の部門に、「呵責犍度」という名の一段がある。

智慧という名の修行僧と、盧醯那《ろけいな》という名の修行僧とが、たいへんなあらそい好きで、自分たちがやたらにけんかするばかりでなく、ほかの修行僧たちをそそのかしてあらそわせたりするので、釈尊が、その二人を叱責して呵責羯磨《こんま》を定められたという。この個所には、僧団にあらそいがおこった場合の裁定の仕方や、あらそいをおこした修行僧の処罰の仕方などが説かれている。

呵責羯磨にあたるパーリ語は、タッジャニヤ・カンマ（tajjaniya-kamma）である。タッジャニヤは、サンスクリット語ではタルジャニーヤ（tarjaniya）であるが、この言葉の動詞の語根タルジュ（√tarj）は、「脅す」「しかる」という意味である。

右にみる限りでは、「呵責」は漢字の意味と原語とに大きなへだたりはないと考えてよさそうである。

ところで、呵責犍度にしめされるように、釈尊が、行いのよくない修行僧を呵責している点に注目したい。というのは、想像される釈尊の人物像は、たいへんにおだやかな人柄であり、ブッダが怒ったり叱ったりするとは、考えにくいからである。釈尊の説法の仕方は、相手がすぐに理解できない場合には、やさしいことから説きおこして、だんだんと高い境地にひき上げるという方法をとっており、相手に対する思いやりにみちあふれている。

そのような柔和な人柄の釈尊が、教団を分裂させるような人物には、きびしくしかりつけるのである。

仏菩薩《ぶつぼさつ》の像といえば、すぐに思いうかぶのは、観音さまや阿弥陀《あみだ》さまのように、やさしいお顔の像である。しかし、仏教の像は、必ずしも柔和な相のものばかりではない。たとえば不動尊像のように、おそろしい形相の像もある。これは、こわさ、きびしさのなかにも愛情がふくまれていることをしめすものとして理解される。

およそ、しかられたり注意されたりするのはあまり気持ちのよいものではない。しかし、しかるほうにしても、気持ちがよくてしかるわけではない。まず、しかったあとは、あと味の悪さが残るものである。だから、どうしてもだんだんしからないですませるほうに流れてゆく。だが、これは、本当の愛情ある態度とはいえないのではあるまいか。

律蔵における釈尊の態度は、しかるべきときには、きびしくしかるべきであることをしめしているように思われる。現代におけるわれわれは、「呵責」のもつ内面的な意味をかみしめてみる必要があるようである。

（松本照敬）

中《ちゅう》道《どう》

中道という言葉は、「中道政治」、「中道政党」といったような表現で、一般の人にも耳なれた言葉となった。

かつて、インドのネール首相やガンジー首相は中道政治を標榜《ひょうぼう》し、米ソのどちらにも与《くみ》しない独自の中立路線を歩もうとした。また、ある日本の政党は、みずから「中道政党」と称したことがある。この場合は、保守にも革新にもかたよることのない中正の道をすすむという意味で、「中道」という言葉をもちいたものであろう。最近の衆議院選挙ではいわゆる「中道政党」が大勝利をおさめ、いまや「中道」という言葉は大いにもてはやされている。

中道の原語は、サンスクリット語のマディヤマー・プラティパッドなどいろいろであるが、いずれも、「真中の道」、「真中の方法」などを意味する言葉である。両極端のいずれにも偏しない中正の道のことである。中道という言葉は仏教全般にわたって重視されたが、学派によって多種多様に論じられた。われわれに最も理解しやすいのは、いわゆる原始仏教（初期仏教）の中道観である。初期仏教においては、「苦楽の中道」ということがいわれた。釈尊によれば、世間の人びとは二つの極端におちいっているという。ある人びとは、快楽を追い求め、セックス、酒、ギャンブルなどの悪徳に耽溺《たんでき》している。またある人びとは、快楽の空《むな》しさを強調するあまり、極端な苦行に身をゆだねている。釈尊によれば、その両者はいずれも究極的なさとりにいたることができない。苦と楽との両極端を捨て、中道を選びとれば、無明《むみょう》を滅し叡知《えいち》を完成し、ニルヴァーナ（涅槃《ねはん》）に達することができるという。

それでは、中道とは具体的に何をさすのか？　それは八正道《はっしょうどう》であるという。八正道とは八つの正しい実践のことで、正見《しょうけん》・正思《しょうし》・正語《しょうご》・正業《しょうごう》・正命《しょうみょう》・正精進《しょうしょうじん》・正念《しょうねん》・正定《しょうじょう》の八である。正見というのは正しいものの見方である。正思は正しい考えかたである。正語は正しい言葉である。正業は正しい行為である。正命は正しい生活である。正精進は正しい努力である。正念は正しい反省である。正定は正しい精神統一である。そうはいっても、もう少し具体的に説明してもらわないと、何が正しい道なのかはっきりしない。しかし、要するに、けっして極端におちいることなく、調和のとれた努力を続けていけば、ニルヴァーナに達することができると教えたものである。これは非常に実践的な教えである。

たとえば現代の社会において、受験地獄や学習塾が問題になったりする。そして、受験勉強をやめさせろとか、塾を廃止しろとか、現実にそぐわない極端な意見がだされる。しかし、中道の教えをこの問題にあてはめて考えてみると、ヒステリックな受験競争にまきこまれることなく、また受験勉強をまるでやめることなく、調和のとれた学習を続けていけばよい結果が生まれるものである。これにかぎらず、中道の考えかたは、あらゆる場合において非常に実践的な効用をもつものである。われわれもひとつおおいに中道の実践をしたいものである。

（上村勝彦）

外《げ》道《どう》

「外道」という言葉は、今日一般に、「畜生」と同様、きわめて強い侮蔑《ぶべつ》をあらわす言葉としてもちいられている。「この外道め!」というぐあいに……。

外道とは、「道の外」、すなわち道にはずれたものを意味し、元来は仏教徒が仏教以外の宗教をよぶときにもちいられた。仏教では、仏教以外の宗教や思想を「外道」、「外教」、「外法」、「外学」などとよび、それに対して仏教のことを「内道」、「内教」、「内法」、「内学」などとよんだ。「外道」にはもともとそんなに悪い意味はなかったのだが、仏教徒は、当然のことながら、仏教以外の教えを正しい教えとは認めなかったので、外道というと異端・邪教の徒をさすようになったものである。

外道の原語は、サンスクリット語パラ・プラヴァーディン(para-pravādin)である。「他の説を奉ずるもの」という意味である。外道の原語には、その他にも、アニヤ・ティールティカ(anya-tīrthika)やアニヤ・ティールティヤ(anya-tīrthya)がある。いずれも、「他の(anya)道(tīrtha)を行くもの」、「他の救済方法を信ずるもの」という意味である。「他の」(anya)を省略して、たんに「ティールティカ」、「ティールタカ」、「ティールティヤ」(tīrthika, tīrthaka, tīrthya)を「外道」と訳す場合もある。いずれも、ティールタ(tīrtha)から派生した語である。「ティールタ」自体を「外道」と訳すこともある。ティールタには、「(聖なる河に降りていく)道」、「聖地」、「救済方法」、「教え」、「尊敬すべき人、もの」などの意味がある。いずれの意味にせよ、「ティールタ」という言葉は、ヒンズー教などでは尊ばれたが、仏教では、自分の教説をさす言葉としてもちいられなかったので、他の宗教や思想を「ティールタ」とよび、さらにそれが「外道」と訳されたものであろう。

釈尊に前後して無数の思想家があらわれた。かれらの多くは、従来の伝統的バラモン教学に対する批判者として登場した。そのうち、とくに有名な思想家が、アジタ、パクダ、プーラナ、ゴーサーラ、サンジャヤ、マハーヴィーラの六人であった。かれらは仏教の側で六師外道とよばれる。

アジタは、布施、祭式など、バラモン教で重視された善行を否定し、よい行為や悪い行為の果報があらわれることはないとし、この世もなければかの世もないと主張した。かれは、人間が死ぬと、その身体は四元素(地水火風)に帰入し、屍《しかばね》が焼かれると骨が残るだけであると説き、死後の世界を認めなかった。このように、かれはあらゆる種類の形而上学《けいじじょうがく》を否定する唯物論者であった。

パクダの唯物論はさらに徹底したものであった。かれは、人間の体は地・水・火・風・苦・楽・生命という七要素から構成されていると考え、かりに剣で人を切っても剣が七要素の間を通過するだけのことで、世のなかには殺すものも殺されるものも存在しないと主張した。

また、プーラナによれば、どのような悪業《あくごう》をなそうとも、悪をなしたことにならず、悪業に対する報いがくることもないという。また、どのような善業をつもうとも、善を行ったことにならず、善業の報いもありえないと主張した。

ゴーサーラはアージーヴィカ教という宗教の指導者であった。かれは、人間をはじめとするあらゆる生物の意志や努力は支配力をもたないと考えた。愚者も賢者も無限に長い期間、流転して、その結果ようやく苦の終わりにたどりつくことができるのであり、その間はいくら努力しても苦をぬけでることは不可能であるという決定論を説いた。

サンジャヤは、形而上学的な問題に対してことさらあいまいな解答をして、形而上学的な議論の無意味さを示そうとした徹底した不可知論者であった。

また、仏教とならぶ大宗教となったジャイナ教の開祖マハーヴィーラは、ものごと義）を断定的にきめつけるのはあらそいのもとであるとし、相対的なものの見方（不定主義）を説き、ヴェーダ聖典や祭式の規定を絶対視し、カースト制の遵守を主張するバラモン教学を批判した。

以上が六師外道であるが、初期の仏教も伝統的なバラモン教学からみれば異端思想で、外道であったのである。

仏典には、六師をもふくめて、九十五種の外道が説かれている。また、正統バラモン系の六派哲学も外道とよばれることがある。

（上村勝彦）

阿羅漢《あらかん》

「阿羅漢」というよりも、「阿」を省略した「羅漢」というよびかたのほうが、むしろポピュラーであるかもしれない。

古寺を訪れて、十六羅漢図を拝観したことのある人は少なくないであろうし、羅漢町という町名を耳にした人もあるだろう。大分県には、羅漢寺という有名なお寺もある。

寺院の回廊などに、ピカピカ光った坐像《ざぞう》が安置してあるのをみかけることがある。この坐像を「おびんずるさま」という。病気の人がこの像をなでると病気がなおるという俗信があり、人びとが病気をなおそうとして一心になでさすったために、ピカピカになっているのである。この「おびんずるさま」も、羅漢の一人である。

「羅漢」、「阿羅漢」は、現代語でいえば、「聖者」ということになろうか。「阿羅漢」は、サンスクリット語のアルハン(arhan)という語の音を、漢字で写したものである。もっとくわしくさかのぼってゆくと、アルハンはアルハト(arhat)の主格、単数、男性形である。アルハトは、アルフ（√arh）という動詞の現在分詞であり、動詞アルフには、「ふさわしい」とか、「できる」とかの意味がある。

そこで、アルハトは、「価値ある人」、「尊敬するにふさわしい人」の意味をもつこととなる。漢訳では、「応」とか、供養を受けるにふさわしい人という意味で、「応供」と訳されている。

釈尊も、アルハト（パーリ語形ではアラハト）とよばれるが、この尊称は仏教だけでなく、他の諸宗教でも、聖者の意としてもちいられた。とくにジャイナ教では、このよび名を後世までもちつづけた。そのためジャイナ教およびジャイナ教徒は、アールハタともよばれる。

仏教では、はじめはさとりをひらいた人——めざす宗教的理想を実現した人——を阿羅漢とよんでいた。ところが後代になると、個人的なさとりに満足している小乗の修行の完成者のこととされ、ブッダや、自分のさとりを放棄して他人の救済をめざす菩薩とは、区別されるようになった。

小乗仏教には、四向四果とよばれる修行階程がある。聖者の流れに入った位（預《よ》流《る》）、一度天界に生まれるが、煩悩を滅しつくしていないためふたたび人間界にもどってくる位（一来《いちらい》）、もはや欲望の世界にもどってくることのない位（不還《ふげん》）、最高の聖者の位（阿羅漢）の四つに、それぞれ向（進んでゆく階程）と果（至りついた階程）とがあって、八段階となる。おのおのの位について煩瑣《はんさ》な解釈がなされるが、ともあれ、最後の阿羅漢果にいたると、すべての煩悩はたたれ、永遠に平和の境地にいたって、ふたたび迷いの世界に流転することがないのである。

　わが国で羅漢さんとして親しまれているものに、五百羅漢図というのがある。釈尊が入滅されると、この教えをまとめるために弟子のなかでの首席であるマハーカーシャパが会議を招集した。この会議を第一回結集《けつじゅう》という。このとき、阿羅漢の境地に達していた者のみ五百人が集まって、経典を編集したと伝えられている。

　また、『法華経』五百弟子授記品には、五百人の阿羅漢が、釈尊からまもなくブッダになるであろうと予言されたと記されている。そのほか、経典には、釈尊が五百人の比丘《びく》といっしょにいたという描写がしばしばでてくる。そこで仏弟子五百人という数が立てられるようになったのであろう。五百羅漢は、中国禅宗で尊崇され、絵画、彫刻の題材としてとりあげられた。五百人の名前は、「乾明院《けんみょういん》五百羅漢名号碑」に列挙されている。そしてこれがわが国にも伝えられたのである。

　いつのころから起こったのかさだかでないが、五百羅漢の顔はひとりひとり違っていて、そのなかに必ず知っている人の顔を見いだすことができるという俗信が流布した。むかしの人びとが、なくなった親、あるいは子どもたちの顔をさがしもとめて、五百羅漢の彫刻の前にいつまでもたたずんでいたという心情を思いやるとき、まことにしみじみとした思いがすることである。

（松本照敬）

乞《こ》食《じき》

乞食は本来「こつじき」と読む。「食を乞《こ》う」という意味である。乞食の原語は、普通、サンスクリット語ピンダ・パータ（piṇḍa-pāta）である。「ピンダ」とは球形を意味し、米などでつくった団子のようなものであるが、転じて一般の食物、日々の糧、施食などを意味するようになった。「パータ」とは「落ちること」である。すなわち、ピンダ・パータとは、食物が鉢《はち》のなかに落下することである。それが「食物を与えること」の意味になり、さらに、修行僧が鉢に受けとった「食物」を意味するようになる。つまり、ピンダ・パータには「食を乞う」という意味はないのだが、それを中国で「乞食」と訳されたのである。また、そういう施された食物を食べる人を意味するピンダ・パーティカ（piṇḍa-pātika）が「乞食」と訳された例がある。この場合、「乞食」は「食を乞うもの」、つまり行乞《ぎょうこつ》する修行僧自身をさすことになる。

また、ビクシュ（bhikṣu 比丘《びく》）の派生語であるバイクシャ（bhaikṣa「施食で生活する」という意）が「乞食」と訳されることもある。さらに、「乞食によって得た食物」

を意味するバイクシュヤ（bhaikṣya）を「乞食」と訳した例もある。

古代インドでは、晩年に達した人はあらゆる執着を捨てて各地を遍歴することが理想とされた。この時期は遊行期《ゆぎょう》とよばれる。そういう人は乞食《こつじき》のみによって生活をささえているから比丘《びく》とよばれた。それが仏教でもとり入れられたのである。仏教の比丘も、生活をささえるために、在家の人々から施食をうけた。それが乞食《こつじき》で、生命をささえるにたるだけの最小限の食物を受けるべきだとされた。そして、乞食は午前中にのみ許された。釈尊自身も、鉢を携えて乞食にでたのである。後世、中国で、乞食は托鉢《たくはつ》ともよばれるようになった。

（上村勝彦）

精《しょう》進《じん》

この言葉は、日常語として、二つの意味でもちいられている。

手紙に、「ご精進のほどお祈り申し上げます」と書いてあれば、「精進」は、「一心につとめ励むこと」の意味である。

また、「精進料理」といえば、材料に肉や魚をつかわない料理のことである。「精進もの」は、魚や肉以外の食物であり、「精進あげ」は、野菜類だけの揚げものである。この場合の「精進」は、「菜食」の意である。

では、どうして二つの意味が生じたのであろうか。

仏教語の「精進」は、「努力」という意味である。そして、努力は、仏教が出発点からかかげていた標語の一つであった。

自分の未来が、いったいどのように展開するのか、ということは、人間にとって大きな関心事である。未来について思いめぐらすとき、未来は自己の努力でどのようにでも開きうるという考えかたと、人間の未来はあらかじめ予定されていて、すべてのできごとは、その予定通りに進行するという考えかたとがある。後者は、いわゆる運命論であるが、運命が人事のすべてを支配しているという思想は、古くからあらわれていた。

古代ギリシアには、人間の運命は、三人の女神に握られているという考えかたがあった。クロトという神が誕生をつかさどって命の糸をつむぎだし、ラケシスが人の一生をあやつり、アトロポスが糸をたち切る役目をはたす、というのである。

インドの『リグ・ヴェーダ』においては、ヴァルナという名の律法神が、天則《リタ》と掟《ヴラタ》とをかたく守っていてけっして侵犯することを許さず、これによって自然界や人間界の秩序がたもたれる、と考えられていた。

釈尊と同時代の思想家であるゴーサーラは、すべての生物は、運命と状況と本性とによって支配される、と説いている。

運命が人間生活の全体を支配するという考えかたは、人間の意志や努力を無力なものとして排除する。これに対して、仏教がとった立場は努力主義であった。

初期仏教の実践は、八つの正しい道（八正道《はっしょうどう》）によってしめされている。これは、苦しみの超克を実現するための道である。この道の一つが、正精進《しょうしょうじん》で、原語は、サミヤグ・ヴィヤーヤーマ（samyag-vyāyāma）である。動詞ヴィヤー・ヤム（vyā-√yam）

は、「戦う」という意味である。正精進は、人間の苦悩を滅すために勇敢に立ちむかってゆく正しい努力である。釈尊は、身体をむやみに苦しめる難行苦行は退けられたが、正しい努力を生涯を通じて強調したのであった。

この立場は、大乗仏教にも継承された。大乗仏教では、衆生の救済を念願して活動するボサツを理想像としたが、ボサツが行わねばならないのは、六つの完成(六波羅蜜《ろっぱらみつ》)とよばれる実践徳目である。その第四に、「精進」がかかげられている。

この場合の「精進」の原語は、ヴィーリヤ(vīrya)である。動詞ヴィール(√vīr)は、「男らしさを発揮する」意味である。中性名詞ヴィーリヤは、「雄々しさ」「勇気」「力」などの意で、実践徳目としては、やはり「努力」という意味である。

このように、「精進」は、心を励まして仏道に進むことを意味するのであるが、わが国では、これに新しい意味がくわわった。

わが国には、仏教が伝わる以前から、神事に仕えるものが、身心を清め、禁忌をおかさないようにつとめる「潔斎《けっさい》」が行われていた。

仏道を修行する者も、修行に入ったり写経をしたりする際には、身心を清める意味で、酒肉や臭みのある食物を遠ざけ、沐浴《もくよく》して行ったのである。そこで、一心に仏道を励み行う「精進」と、けがれをのぞきさる「潔斎」とが結びついて、「精進潔斎」

といわれるようにもなった。こうして「潔斎」の意味が「精進」にも入りこみ、「精進」というだけでも、酒肉を断ち身をつつしむことを意味するようになったのである。現在使われている「励む」意味の「精進」は、仏教語本来の意味がそのまま生きているのであり、「菜食」の「精進」は、派生した意味ということができる。

（松本照敬）

三《さん》　昧《まい》

「ゴルフ三昧」、「読書三昧」、「つり三昧」、「道楽三昧」などといったぐあいに、なにかあることに心が傾き、ほかのことに心がむかない状態のことを、日常語で「〜三昧」という。

「三昧」は、サンスクリットのサマーディ（samādhi）を漢字で写した語で、サマーディは、動詞サマー・ダー（samā-√dhā）から派生した女性名詞である。サム（sam）は「いっしょに」、アー（ā）は「近くへ」という意味の前接辞であり、ダー（√dhā）は「置く」という意味の動詞の語根である。この場合、サマー（sam-ā）「まとめて」、ダー「置く」、つまり「(心を一個所に）まとめて置く」と解される。要するに、精神を一つの対象に集中して散乱させないことをいうのである。名詞サマーディは、高度の精神段階を獲得する方法、およびそれによって達せられた精神状態をいう。（一つの語としてよむと「さんまい」であるが、合成語のなかでは「ざんまい」とよむようになった。）

インドでは、宗教的理想——解脱——を実現する手段として、さまざまな方法が考えられてきた。おもなものは、肉体を苦しめる方法——タパス（苦行）、個人的意欲を放棄して神の恵みにすべてをまかせる方法——バクティ（信愛）、および精神統一の方法——ヨーガ——の三つである。

なかでもヨーガの修行法の起源はきわめて古い。その境地が多くの哲学派の説く解脱の内容と一致するところから、各学派が実践法としてヨーガを採用している。ヨーガを組織的に考察実修したヨーガ学派では、八つの修行階程を説くが、その最終段階にサマーディをおいている。

仏教においても、ヨーガの行は重視された。ヨーガ、サマーディ、ディヤーナは、言葉はことなるが、精神統一をその内容とする点では、ほぼ同様である。サマーヒタ、サマーパッティ、シャマタなども、同類の術語である。サマーディ、すなわち「三昧」は古くから、いろいろな経典や論書において、種々に論ぜられた。『般舟《はんじゅ》三昧経』や『首楞厳《しゅりょうごん》三昧経』のように、「三昧」を説くことを主目的とする大乗経典もある。

天台宗では、正しい智慧《ちえ》を得るための行として、四種の三昧を説く。坐《すわ》ったままで、ひたすら一仏の名を称《とな》える常坐三昧、仏像のまわりをめぐり歩いて阿弥陀仏《あみだぶつ》の名を念じ唱える常行三昧、坐と行をあわせ行う半行半坐三昧――これには方等《ほうどう》経による方等三昧と、法華経にもとづく法華《ほっけ》三昧とがある――、および以上の三種以外のものを総称する非行非坐三昧がそれである。これらの行を行う堂を四三昧院といい、わが国では、常行三昧堂と法華三昧堂が諸寺に建立された。

サマーディはヒンズー語では、精神集中という意味のほか、墓所という意味もある。わが国でも、地方によっては、墓地のことを三昧という。これは、もとは、墓地のそばに法華三昧堂を建てて、死者の冥福《めいふく》を祈っていたのが、三昧堂、三昧と略されて、三昧堂のない墓地でも三昧というようになったのである。

浄土教でいう念仏三昧、あるいは真言密教で『理趣経《りしゅきょう》』を読誦《どくじゅ》する法要を理趣三昧と称するなど、「三昧」は、わが国の仏教諸宗でひんぱんにもちいられた。これが一般にも浸透し、なにかに夢中になっていることを「～三昧」というようになったのである。

現代社会は、テレビを見ながら食事をし、ステレオを聞きながら勉強をするといったように、ナガラ族が幅をきかせる時代である。日常テンポが急速で、一つのことに精神を集中するような時間があまりなくなってしまった。

しかし、「ぜいたく三昧」や「刃物三昧」は困るけれど、正しい意味での精神集中は、忙しい現代にあっては、なおさら必要なことであるように思われる。

（松本照敬）

六根清浄《ろっこんしょうじょう》

富士山《ふじさん》や大峰山《おおみねさん》など古くから信仰の対象とされてきた霊山に登ると、「お山は晴天、六根清浄、六根清浄」とかけ声をかけながら登山している一群の人びとの姿をみかけるであろう。「六根清浄」というのは、どうやら山に登るときのかけ声のようであるが、どんな意味をもっているのだろうか。

「六根」のサンスクリットは、シャド・インドリヤーニ（sad indriyāni）である。シャドは「六」である。インドリヤーニはインドリヤ（indriya）の複数形である。

インドリヤは、力強い神であるインドラ（Indra）に属する性質ということから、「力」「能力」「機能」などの意味がでてきたと通俗語源解釈によって解されている。広くインド思想一般において、インドリヤは、感覚の器官とその能力の双方をふくめて意味している語である。

樹木の根が、外界の養分を吸収する器官であると同時に、枝葉を成長させる力を有しているように、感覚器官が、外界の対象をうけ入れ、知覚を生ずる力を有しているところから、「根」と訳されたのであろう。

われわれ人間は、諸感覚器官によって外界の対象を受容する。まず視覚というものがある。仏教語で眼根《げんこん》というが、これによって事物の色や形を把握する。心の窓である目によって、美術品を鑑賞することもできるし、書物を読むこともできる。

つぎに聴覚がある。仏教語で耳根《にこん》である。これによって音の響きをとらえる。美しい音色も、騒音も入ってくるし、人の言葉を聞くこともできる。

嗅覚《きゅうかく》は、芳香や悪臭などのにおいをとらえる。仏教語では鼻根《びこん》である。また味覚によってものの味をしる。仏教語では舌根《ぜっこん》という。

以上の四つの感覚器官は、体の特殊な部位にあるが、このほか、全身にゆきわたっている触覚がある。仏教語で身根《しんこん》といい、この力によって、冷たさ、熱さ、痛さなどを知覚する。

右の五つの機能をまとめて五根といい、これらによって、われわれは、身体的な快・不快を感ずるのである。

五根は、いわば人間の外面的な門であるが、もう一つ、意根《いこん》とよばれる内面的な門がある。意根の力によって、人間は、楽しさ、苦しさ、善さ、悪さなどを知覚することができる。

このようにして、われわれ人間は、六根という門を通じて外界の対象をとらえ、経験を積みかさね、しだいに人格を形成してゆくのである。したがって、六根は、人間生活を基礎づけるものであるといえよう。

六根をみがき、清めることは、人間性を向上させることにつながるとみることができる。「六根清浄」は、六根をきよめることであり、それは、内面的な方法——宗教的信仰や修行——によって実現される。

日常生活をまったくかげりなく、清らかに過ごすことは、はなはだ困難なことである。どうしてもいやなことを聞いたり、考えたりもする。これをつみかさねていると、しだいに六根に汚れがたまってくるのをさけられない。汚れにそまると、なかなか落としにくくなるので、それを払いおとし、清めることがすすめられるのである。『法華経』法師品には、この経を受持し、読み、誦《じゅ》し、解説し、書写するならば、六根を清浄にすることができる、と説かれている。

また、『観普賢経《かんふげんきょう》』には、金剛杵《こんごうしょ》を六根になぞらえて、普賢菩薩が、六根清浄懺悔《さんげ》の法を説く、という記述がある。これにもとづいて、登山者が、金剛杖《じょう》をもって六根清浄を念ずるようになったという。

こうして「六根清浄」は、神聖な山岳で修行することによって、身心ともに清らかになることを祈念する唱《とな》え言葉となったのである。

（松本照敬）

酒《しゅ》

「山里の朧《おぼろ》に乗じてそぞろ歩く。観海寺の石段を登りながら仰数春星一二三《あおぎかぞうしゅんせい》という句を得た。

余は別に和尚に逢う用事もない。逢うて雑話をする気もない。偶然と宿を出でて足の向く所に任せてぶらぶらするうち、ついこの石磴の下に出た。しばらく不許葷酒入《くんしゅさんもんにいる》山門《をゆるさず》という石を撫でて立っていたが、急にうれしくなって、登り出したのである。」

夏目《なつめ》漱石《そうせき》の『草枕』の一節である。

寺院の山門に立っている「不許葷酒入山門」と刻んだ石は、戒壇石という。葷《くん》は、葱《ねぎ》・韮《にら》・薤《らつきよう》・蒜《にんにく》・薑《はじかみ》などの植物をいう。これらは五辛といい、臭気が強いことと精力がつくというので、出家者が食べるのを禁じられていた。酒については、不飲酒戒《ふおんじゅかい》という戒律があって、インド仏教では、出家者のみならず在家者にも禁止されていた。だから葷や酒は、寺の門をくぐれなかったのである。

仏典に登場する酒は、三種類である。まずマディヤ（madya　パーリ語マッジャ

maija) は、だいたい酒類をすべて含めていう。米などの穀物からつくった酒はスラー (surā) である。果物からつくった酒はマイレーヤ (maireya パーリ語メーラヤ meraya) で、インドではたいていやしの実からつくる。

インド仏教では、酒を自分が飲んではいけないだけでなく、他人にも飲ませてはならず、他人が飲むことを許してもいけない、とした。わが国では、車を運転する人に酒を飲ませることが法律で禁止されているが、仏教の古い経典の規定は、人が飲むのを許すな、というのだから、さらに厳しいのである。

『長阿含経《じょうあごんきょう》』十一巻には、飲酒には六つのマイナス面があるとしている。まず、酒飲みは財産を失ってしまう。第二に、病気のもととなる。第三に、あらそいごとをおこす。第四に、評判が悪くなる。第五に、怒ったり乱暴したりする。第六に、智慧がだんだん失われてゆく、というのである。

『四分律』十六巻には十の欠点、『大智度論』十三巻には、三十五の欠点を列挙している。

このように、仏典では酒の害を説いて、飲酒を厳しくいましめており、南方仏教諸国の出家者は、いまだに守りつづけているのだが、わが国では、不飲酒戒はさらりと捨てられてしまった。不飲酒戒がなくなった理由の一つとして、気候上の相異がいわれる。

寺に山号がついていることから知られるように、古くは、寺院は多く山岳に建てられた。山の上で過ごす冬の寒さは、たいへん厳しい。暖房設備もなく、食料事情も悪かったから、冬の寒さは修行僧には、ひとしお身にしみた。酒を飲んで体をなかからあたためる。酒を般若湯《はんにゃとう》とか智水とかよびかえたのは、こうした状況を正当化するための苦肉の策ではなかったか。

一般社会では、仏教が伝わるはるか以前から、神々の祭りや婚礼の祝いに酒を飲んでいた。そこでは、酒は人間関係を円滑にするための一具であった。出家者が、一般の人びとと接触しなくとも生計を立てられるうちは、薬用としてひそかに酒をたしなんでいれば、問題はなかった。しかし、出家者が、一般社会に浸透していかねばならなくなったとき、社交上の儀礼として酒を飲むか、戒を守って飲まないか、一種の葛《かっ》藤《とう》があったろう。結果的には、世間的な人倫関係が、出世間の戒にうち勝ったのである。

わが国には、政治家や宗教家のモラルに対して、一般の人びとが寛容であるという精神的風土もある。酒飲みは大統領にはなれないインドとは、だいぶ事情が違っている。

釈迦如来や大日如来が、熱烈な信仰を受けることがなく、観音さまやお地蔵さん、あるいはお不動さまのような仏のほうが人気が高いように、酒を一滴も飲まぬ完璧《かんぺき》な聖人は、どちらかといえば敬遠される傾きもある。

いろいろな要素がからみあって、酒の戒は日本仏教の戒から消えてしまった。概して、厳格な戒律は、日本には定着しなかった。だから、戒壇石が建っていても、葷も酒も大手をふって山門に入れるようになったのである。

ともあれ、仏教徒であるなしにかかわらず、酒はやはり、体をこわさぬように、あらそいをおこさぬように、悪名をとどろかさぬように、節度のある飲みかたをしたいものである。

（松本照敬）

伝《でん》法《ぼう》

東京の浅草寺《せんそうじ》に伝法院《でんぼういん》という修行道場がある。雷門《かみなりもん》から仲見世をぬけて、正面にある、秘仏の観音像が安置されている大きな建物が本堂であり、その正面向かって左手後方、五重塔のうしろにあるのが伝法院である。こちらのほうは聖観音宗金竜山《しょうかんのんしゅうきんりゅうざん》浅草寺の本坊《ほんぼう》とよばれている。その伝法院に、小堀遠州《こぼりえんしゅう》が造ったと伝えられる名園がある。ごく小さな庭園だが、歩くにつれて風景が一変する典型的な小堀流の庭で、小路《こみち》にわけ入ると非常に奥深い感じがする。ここを訪れる人はだれでも、「ごみごみした浅草の真中にこんな幽邃《ゆうすい》な場所があるなんて!」と感嘆するのである。日曜祭日にはたいてい茶会が催される。一般には公開されていないが、寺務所《じむしょ》の許可をうければ誰でも入園することができる。ただ、書院のほうからみる場合、借景（?）がいかにもひどすぎる。醜悪なビルの群がどうしても目に入ってしまうのである。いまさらビルをこわしてくれというわけにもいかないから、西端に高い樹を並べるとか、なんらかの工夫がほしいところである。

むかし、江戸時代、その伝法院の寺男たちが、寺の威光をかさに着て、境内の飲食店や興行物などを無銭で飲食したり見物してまわったところから、無理やりに入りこみ、無銭飲食したりただで見物することを「伝法」とよぶようになったという。ほんとうのことかどうかは知らないが、たいていの国語辞典にのっている故事である。そのことから、無法にふるまうことを伝法というようになった。ところが、最初悪い意味でもちいられていたものが、いつのまにか、「いなせなこと。勇み肌であること」というような、やや好意的な意味でもちいられるようになったのである。

仏教で「伝法」というと、法を伝えること、すなわち、師が弟子に仏教の真理を伝えることである。法の原語は、サンスクリット語ダルマ（dharma）であるが「伝法」にぴたりとあてはまるサンスクリット語は、術語としてはないようである。「伝法」という言葉は、仏法の奥義を伝えるという意味で、各宗派において重視されたが、とくに密教（天台・真言宗）において、秘法を伝える儀式を伝法灌頂《でんぽうかんじょう》とよび、これを受けた僧は伝法阿闍梨《でんぽうあじゃり》という資格をえて、またほかの僧に伝法灌頂を授けることができる。

（上村勝彦）

出世《しゅっせ》

「こんどA君は××省の局長になったそうだよ。」
「ほほう。それはすごい出世じゃないか。かれは切れ者だからな。」
「いや、頭もよいが、学生時代からがんばり屋だったよ。まあ、なんといっても、わが同窓では出世頭だ。」

このように、日常語で「出世」といえば、世の中にでてりっぱな地位、身分になることの意味である。

仏教語の「出世」は、もとの意味をさぐると、大まかにいって二つの意味がある。

まず、第一の意味としては、仏が衆生を救うために、この世に出現なさることをいう。サンスクリット語では、ブッダ・ウトパーダ(buddha-utpāda)で、ウトパーダは、「出生」「出現」の意味である。「出世本懐《しゅっせのほんがい》」という術語があるが、これは、釈尊がこの世にお出ましになった真意、という意味をあらわしている。種々の経典が、本経こそが出世の本懐をあらわすために説かれたものである、と標榜しており、どの経を出世本懐の経とみるかは、宗派によってことなる。天台宗では、『法華経』、華厳宗では『華厳経』、真宗では『無量寿経』であるとする。

「出世」の第二の意味は、世間的なものを超えている、ということである。サンスクリット原語は、ローカ・ウッタラ（loka-uttara）である。ローカは「世間」であり、ウッタラは「より上の」「より高い」という意味で、合成語として、「超世間的な」という意味になるのである。漢訳者は「出世間」とも訳しており、「出世」は省略した形の訳語とみることができる。生死流転に迷っている世俗の世界から超え出ることであり、世事を捨てて仏道に入ることをいい、また世間に対する仏法の世界をもいう。「出家」という語と意味がにかよっているといえる。

このような「出世」本来の意味から、わが国では、いろいろな意味が派生した。まず、殿上人《てんじょうびと》――宮中に昇殿することを許された者――の子息が出家した場合に、「出世」とよばれた。これは、殿上人の子息が僧侶《そうりょ》になると、普通の者よりも昇進が早く、世にあらわれるからである。ここから、僧侶が高い位に昇ることを、「出世」というようになった。

禅宗においては、修行を終えて隠棲《いんせい》していた僧が、住職になって寺院に住むことを「出世」とよんだ。これは、住職として人びとを教え導くことを、仏が出現して衆生を教化《きょうけ》することになぞらえたものである。

こうして各宗において、僧侶が勅命によって紫の衣を着用することを許されたり、大寺院の住職になることを「出世」と称するようになった。これが仏教界から一般界へ広がり、卒業式にうたわれる『仰げば尊し』の歌の文句にあるように、「身を立て、名をあげ」ることを「出世」というようになったのである。

日常語の「出世」は、「出世間」の意味にもとづくものではなく、「仏が世に出現する」の意から転じたものということができる。

かつては、大将とか、「末は博士か大臣か」というような、「出世」のシンボルのようなものがあったが、現今では、それに相当するものがなくなってしまった。博士や大臣の肩書が昔ほどの威力を発揮できなくなったためであろうか。そのために、母親が「そんなに怠けていては出世できませんよ」と子どもをしかることもできなくなり、「出世」という語は、当今ではあまりはやらない言葉になっている。

ともあれ、「出世」とは、衆生救済のため世にあらわれるのが原意なのであるから、本来の意味をいかすように、出世した人物は、世のため人のためにはたらかねばならないのである。

（松本照敬）

方《ほう》便《べん》

「うそも方便」という言葉が、日常語としてもちいられている。うそをつくことも、時と場合によっては必要である、という意味に解されている。この場合の「方便」は、「便宜的な手段」の意味である。

うそをつくのは、難しい議論をもちださなくとも、常識的に考えてよいことではない。「方便」という語は、うそをつくことを正当化するような響きがあるために、あまり印象がよくないようである。「方便」という語そのものは仏教語ではあるが、「うそも方便」は、仏教語の「方便」の真意を正しく伝えるものではない。

「方便」は、サンスクリット語のウパーヤ（upāya）を訳した語である。ウパーヤは、ウパ・イ（upa-√i）という動詞から派生した男性名詞である。ウパ・イは、「近づく」「到達する」などの意味である。ウパーヤは、「目的に到達するための道すじ」であり、普通は「方法」「手段」の意味でもちいられる。

仏教の術語としてのウパーヤは、「たくみなはかりごとを設けること」「たくみになされた手段」を意味する。仏やボサツが、衆生を救うためにたくみな手段をもちいるのが「方便」である。仏教の開祖の教化方法が、まさにこれであった。

釈尊は、人びとに教えを説くとき、いきなり難解なことを説くことがなかった。相手の能力に応じて法を説いた。相手が自分で理解するのをまって、そこから次第に高い境地にひきあげるという方法をとったのである。

一例として、死んだ子に執着した女性に対する教化法をみてみよう。——

キサーゴータミーという名の娘がいた。かの女は結婚して、男の子をもうけた。かわいいさかりに、その子がふとしたことで死んでしまった。かの女はその子をせおって町をうろつき、人に会うと、子どものために薬をくれとたのんだ。

ある人が気の毒に思い、釈尊のもとへいくようにすすめた。かの女は釈尊のところへいって、子どもに薬をくださいとたのんだ。釈尊はいった。「町へいって、誰も死んだことのない家から、カラシ種をもらってきなさい。」かの女は町でカラシ種を求めようとした。しかし誰も死んだことのない家はなかった。さまよい歩いているうちに、かの女は、死が人のさだめであることをさとった。かの女は、釈尊のもとへもどって出家し、のちに聖者の位に達したという。——

このように、ブッダは、教理を無理におしつけることなく、たくみな手だてをもちいる。この手だてが「方便」である。

「方便」は、諸種の仏典において、さまざまの分類解釈がなされているか、わが国の「方便」観に大きな影響を与えたのは、『法華経』方便品の「方便」という語である。方便品に続く譬喩《ひゆ》品には、有名な「火宅喩」が説かれている。

古い家のなかで子どもたちが遊んでいる。その家が火事になった。父親は、子どもたちを助けるために手だてをもうける。「子どもたちよ。外には、羊や鹿や牛のひく車がある。早く出ておいで。」子どもたちは、その言葉につられて外へでた。だが車はなかった。子どもたちが安全に外へでてきたのを知り、父親はみんなに白い牛のひくりっぱな車を与えたのであった。——

燃えている家のなかにいながら、それに気づかぬ子どもを父親が助けるように、苦しみのこの世にあって、それに気づかぬ衆生を救うためにブッダはたくみな手だてをもちいて衆生を導き、ひとしく真実の教えを与えるというのである。

この場合の「方便」は、真実の教えに対するかりの教え、一時的な手だてのことである。わが国においては、このたとえが、ブッダは真実の教えに導くためには、あえてうそをつくこともありうるのだ、との意にとられたのであろう。

しかし、目的を実現するためには、手段は何でもよいというわけではない。「方便」には、どうしてでも相手を救ってやろうとの慈悲の心が根底に存しなければならない。

智慧の原語プラジュニャーは女性名詞であり、智慧はしばしば母にたとえられる。これに対して「方便」のウパーヤは男性名詞で父である。母に相当する智慧と父に相当する方便とが合して、はじめて真実のさとりが生まれる、と解されるのである。

（松本照敬）

廻《え》向《こう》

「故人の三回忌の廻向をとり行いますので、万障おくり合わせの上ご参列ください」——法事の案内状にこのようにしたためてあるのをみかける。「廻向」という語は、現在では、もっぱら、死者の冥福を祈るために、法事法要を営むことをさしてもちいられるようである。

「廻向」は「回向」ともかかれるが、サンスクリットの原語はパリナーマナ（pariṇāmana これは中性名詞で、pariṇāma という男性名詞、pariṇāmanā という女性名詞、あるいは pariṇamita, pariṇāmita という過去受動分詞なども「廻向」と訳される）である。「屈する」「変化する」「熟する」などの意味をもつ動詞パリ・ナム（pari-√nam）は、使役形パリナーマヤティ（pariṇāmayati）となって、「変化させる」「結果を得させる」、「向けてやる」などの意味となる。ここから派生した名詞パリナーマナは、「熟させること」「向けること」を意味し、とくに仏教の術語としては、自分自身のためのものを、他者のためにふりむけることを意味する。

ふつうは、漢字の意味から解釈し、「廻」はめぐらすこと、「向」はさしむけることで、「自分が行った善行をめぐらして、自分のさとりや他の人びとのためにさしむけること」と説明される。

中国隋《ずい》代の学僧、浄影寺慧遠《じょうようじえおん》（五二三―五九二）は、その著『大乗義章』九巻「廻向義三門分別」で、三種の廻向を説いている。自分の善行をさとりをうるためにさしむける菩提《ぼだい》廻向、自分の行った善の徳を他人の利のためにさしむける衆生廻向、無常なものを厭《いと》い、真実の理法を求めるため、自分の善根を平等不変の真理そのものにさしむける実際廻向の三つがそれである。

廻向の分類解釈は、このほか六種廻向、十種廻向などもあるが、もっともよくしられているのは、浄土教における二種廻向である。

曇鸞《どんらん》（四七六―五四二）は、中国唐代の浄土教大成の基礎を与えた僧であるが、『往生論註《ろんちゅう》』の中で、往相《おうそう》、還相《げんそう》の二廻向を説いている。

自分の功徳を、すべての衆生にめぐらして、ともに阿弥陀如来の安楽浄土に生まれようと願うのが往相廻向であり、浄土に生まれ終わって、ふたたび生死の世界にもどり、すべての衆生を教化してともに仏道にむかわせるのが還相廻向であるとするのである。

いったん浄土へ往生した者が、ふたたびこの世にもどってきて他の人びとを教化するという考え方は、プラトン哲学において、すでに善のイデアを認識した哲学者が、順番に現実世界において国家を統治するという考えかたを思いおこさせて興味ぶかい。親鸞《しんらん》は、往相廻向も還相廻向も、ともに阿弥陀仏の本願力によるものであり、仏からさしむけられたものであるとして、仏の救いとる力の絶対性を強調した。

こうして、「廻向」が、自分のつんだ善根をめぐらして、ほかの人びとのためにさしむけるというところから、亡き人のために読経や念仏などの功徳をさしむけ、仏道にむかわせることを意味するようにもなった。そして、その意味が現在では一般化しているのである。

法要廻向に集まる人びとは、自分たちの善行功徳がめぐらされ、故人のためにむけられることを期しているのであるが、逆に、故人の徳がめぐらされて集まった人びとにさしむけられ、人びとが旧交をあたためあうことにもなるのである。これもまた、廻向の功徳というべきものであろうか。

法要などの終わりに、廻向文《えこうもん》というのが唱えられる。宗派やそのときどきに応じて相異があるが、ポピュラーなものを一つかかげると次のようである。

「願以此功徳《がんにしくどく》　普及於一切《ふぎゅうおいっさい》　我等与衆生《がとうよしゅじょう》　皆共成仏道《かいぐじょうぶつどう》」（願わくばこの功徳をもって普《あまね》

く一切に及ぼし、我らと衆生と皆ともに仏道を成ぜんことを)。(読み下し文は宗派によって若干ことなる)

(松本照敬)

供《く》養《よう》

わが国には、全国各地に、供養塔あるいは供養碑が建てられている。山で亡くなった人びとのための遭難者供養塔、戦争で亡くなった人びとのための戦没者供養塔、トンネル工事などの難事業で亡くなった人びとのための殉難者供養碑などがある。供養の記念物は、人間のためのものばかりではない。フグ料理の関係者が建てるフグ供養碑、生糸業者が建立するかいこ供養塔もある。これらの塔や碑ができると、除幕式が行われ、定期的な法要や行事が行われる。

さらに供養の行事の対象は、無生物にまでおよぶ。古くから行われているのは、針供養である。二月八日、十二月八日に裁縫を休み、地方によっては折れた針を豆腐にさして淡島《あわしま》神社におさめるという行事である。茶道のほうでは、使いふるした茶筅《ちゃせん》を燃して、茶筅供養を行う。めがね供養や人形供養もあり、近ごろでは、宛名人に届かず、差出人の住所もわからぬため、宙にういた手紙を焼く手紙供養なども行われている。

このように、わが国では、「供養」を、「死者その他の霊をなぐさめるためのいとなみ」という意でもちいている。

「供養」のサンスクリット原語は、女性名詞プージャー（pūjā）またはプージャナー（pūjanā）である。中性名詞のプージャナ（pūjana）も供養と訳されるが、いずれも動詞の語根プージ（√pūj）から派生した語である。動詞プージは、「尊敬する」「崇拝する」という意味である。名詞プージャーは、「尊敬」「礼拝」を意味する。

心に尊敬の念がおこると、こんどはそれを形としてあらわすようになる。仏教の術語としては、精神的な尊敬から一歩すすめて、衣服・食物・坐具・薬品を仏教教団に提供することが、「供養」とよばれたのである。したがって、「供養」は、物品をささげて尊敬さるべき対象を養うことをいい、献呈品の範囲を広げて、日常品、金銭あるいは土地などを三宝《さんぼう》——仏・法・僧——に供することを主意とした。仏に対するのを仏供養、法に対するのを法供養、僧に対するのを僧供養という。

仏教徒のなかに、仏像や塔に対する信仰礼拝の習慣が生じたとき、かれらは客を接待する作法をとり入れて礼拝の形式をつくりだしたと思われる。礼拝すべき対象に対して、生きている人をむかえて歓待するように、水、塗香、花、焼香、飲食、燈明《とうみょう》などをささげて祈り、これを「供養」とよんだのである。

この礼拝形式がわが国に入ってくると、死者儀礼と結びついて、亡くなった人を仏とよび、その仏に香花をたむけるのを「供養」とした。そして、死者の冥福を祈る「追善供養」が、「供養」という語の意味の大きな部分をしめるところとなった。「供養」は人間から動物に、さらには無生物にまでおよび、最初に述べたように、さまざまの「供養」が行われているのである。

「供養」は、「尊敬」から「三宝への物品の提供」、「礼拝対象へ香花をたむけること」、「死者などに供物を献じてその霊をなぐさめること」と、意味が変化してきた。「供養」の語義変化は、日本人の意識構造を考える上で重要であると思われる。動物や無生物への供養は、アニミズムの遺産だ、偽善だ、といって非難するのは、まったくまとはずれの批評である。動物もやはり人間と同じく生命を有するものであるという意識はだいじにしたい。

日本人は、めがねや針に霊魂が存在していると信じて、供養を行っているわけではけっしてない。無生物ではあっても、粗末にしては申しわけないという思い、感謝の念が根底に流れているのである。「供養」の原意が「尊敬」であることを忘れず、このような精神を、今後もますます大切に保持することが必要であろう。

（松本照敬）

旦那《だんな》（檀那）

旦那という言葉はいろいろな意味でもちいられているが、概して、男の人を尊敬こめてよぶ場合にもちいられている。現在ではあまりみられない情景だが、使用人が主人のことを「旦那様」とよんだり、妻が自分の夫をうやまって「旦那様」とよんだりする。また、商人などがお客のことを「旦那」とよび、お妾《めかけ》さんや芸者がパトロンのことを「旦那」とよぶ。

「旦那」は本来「檀那」と書いたものである。「檀家《だんか》」という言葉があるが、「檀那」もそれと同じような意味でもちいられていた。寺院に財物を寄進してくれる信者、あるいはその家のことを、僧侶の側で「檀那」とか「檀家」とかよぶ。

わが国の寺院はたいてい檀家をもっていて、寺院に属する墓地に檀家の人々の遺骨を埋葬してそれらの人々の霊を弔《とむら》っている。お盆などには、その寺の住職は檀家をまわってお経をあげる。

檀那はサンスクリット語ダーナ（dāna）を音訳したものである。ダーナ、あるいはその俗語形のダーン（?）は「檀」とも音訳されるから、檀那はすなわち檀のことである。ダーナは動詞語根〝ダー〟（√dā 与える）からできた名詞で、「与えること」という意味である。「布施《ふせ》」と漢訳される。だから、もとをただせば、檀那＝布施ということになる。ところが、中国や日本では、檀那というと布施をする人、施主、仏教の後援者をさす言葉になった。「布施をする人」を意味するサンスクリット語は、「ダーナ・パティ」（dāna-pati）である。「パティ」は「主」を意味する。

やがて、仏教や寺に関係なくても、財物をくれる人を檀那、旦那とよぶようになる。旦那というのは男をよぶときにだけ使うのかと思ったら、『日本国語大辞典』に、「婢女《はしため》などがその仕える奥女中を敬って用いる語」とあり、女性を旦那とよんだ例がでていた。

（上村勝彦）

VI　寺院と儀礼

日本の国のうちどこの町や村へ行っても、寺院がそびえているし、人びとはいつもそこにお詣《まい》りし、法事や礼拝がつねに行われている。だから、この点では仏教語がしらずしらずもちいられているのは当然のことであろう。

これについて、いちおう

A　教団に関するもの　「経」、「長老」、「和尚」、「坊主」、「大衆」、「袈裟」

B　寺院に関するもの　「伽藍」、「祇園精舎」、「卒都婆」

C　儀礼に関するもの（つまり法事、法会、修法の類）「舎利」、「盂蘭盆」、「引導」、「荼毘」、「加持」、「護摩」、「降伏」

との三つに分けてみた。

（中村　元）

経《きょう》

法事や葬式で、僧侶《そうりょ》がお経をあげる。読経は、漢文を音読する形式が多い。聞いている人びとには、まず何をいっているのか、ほとんどわからない。だから、一般には、お経とは何かわけのわからぬものである、というイメージでとらえられている。

「経」のサンスクリット原語は、スートラ（sūtra）である。スートラの普通の意味は「糸」とか「ひも」で、つなぎあわせる糸という意で、「簡単な規則」をもさす。古くは、祭式の方法を規定する綱要書がスートラとよばれた。これは、いくつかの単語から成る短文を集めたものである。暗記しやすいよう語句が簡潔になっているため、注釈書といっしょに学ばれるようになっている。

このような短文のスートラを暗誦《あんしょう》し、注釈書によって学習するという形式は、他のさまざまの学問にとり入れられた。文法書や医学書などは、このスートラの形式をとっている。

バラモン教系統の哲学諸派にも、みな根本聖典としてのスートラがある。ヴェーダーンタ学派の『ブラフマ・スートラ』などは、語句が文章の体をなしておらず、記号の組み合わせに近いものなので、おおぜいの学者が自由に自分の思想をもちこんだ注釈書を著した。そのため、たくさんの流派が成立するところとなった。

ところで、仏教のほうのスートラは、ブッダが説いた教えを記した書物である。「経」という漢字の意味は、「たて糸」である。これが「すじみち」とか「ことわり」の意味となり、物事のすじみちを記し、人びとの規範となるもの、という意味で、「聖人が述作した書物」のことをいう。そこで、仏教がインドから中国へ伝わったとき、聖人が説いたことを記した書物であるというところから、スートラという語の訳語として、「経」という字をあてたのである。

ブッダが説いた教えを記しているとはいっても、孔子《こうし》やソクラテスと同じく、釈尊も自分でお経という書物を書きのこしたわけではない。弟子たちが聞いた教えが、だんだんとまとめられ、集められて成立したのである。また、ブッダの教えを継承する者たちは、時代が下っても、ブッダの真意を伝えようとして、スートラという名をかりて、次々と新しい経を制作していった。だから仏教の経は、すこぶる分量が多いのである。

仏教の聖典としては、「経」のほかに、「律」というものがある。ブッダの教えを奉じて生活する者たちが守るべき規則を記したものである。「経」や「律」にもとづいて、その内容を検討し、哲学的思索を展開した書物ものちにあらわれた。これを「論」という。そして、「経」「律」「論」をあわせて三蔵という。

狭い意味で経といえば、右の三蔵のうちの一部門をさすのであるが、中国や日本では、すべてを一括して「経」ということが多い。仏教の聖典を全部まとめて「大蔵《だいぞう》経《きょう》」とか「一切経」とかよぶが、この場合は、経律論が全部ふくまれている。

日本で最もまとまった形をそなえている大蔵経は、漢文の『大正新脩《しんしゅう》大蔵経』である。各巻千ページぐらいで八十五巻あるが、このなかにはインドで成立したものを翻訳したもののほかに、中国や日本の仏教者の著述がふくまれている。

わが国では、経というと、江戸時代までは漢文の経典をさしていた。明治以降に、西欧から新しい仏教研究方法が導入されると、南方仏教でもちいているパーリ語の経典やサンスクリットの経、チベット語の経など、さまざまな言語の経典があることがわかり、現在ではそうしたすべての経典が研究の対象となっている。

キリスト教のバイブルとはことなり、仏教経典は非常にぼう大であるので、どこからとりついてよいのかとまどう面もあるし、経というとなんとなく抹香《まっこう》くさいものとして敬遠される傾きもある。

しかし、何が何だかわからぬものとして捨てておくのは、いささかもったいない話である。経典は、過去二千年以上もの長きにわたって集積されてきた宗教、思想、文化の宝庫である。およそ人間に関することで書かれていない問題はないといってよい。現代は経典の翻訳がさかんになされているから、その気になれば著名な経典ならいくらでも現代語で読むことができる。また、すぐれた解説書も多い。

経典は、一定の信仰なり思想なりを、読む人におしつけようとする書物ではない。経典をひもといて、そのなかをさまようならば、そこに汲《く》めどもつきせぬ思想の泉が湧き出しているのを、必ずや発見しうるであろう。

（松本照敬）

長《ちょう》老《ろう》

「長老政治」という言葉が流行《はや》ったことがある。自由民主党内部の比較的高齢の政治家が隠然たる実権を握って、政権を自分の思う方向に導こうとしたことをマスコミで「長老政治」とか「～院政」とか表現したものである。

この例にかぎらず、「長老」という言葉には、老人、保守、伝統というようなカビくさいイメージがつきまとう。

仏教の宗派内においても、一般に高齢の僧侶を「長老」とよぶ。元来は、高齢でしかも高徳の僧侶を長老とよんだのだが、実際には単なる高齢の僧を長老とよんでいる。長老のいうことは絶対で、どのように不合理なことでも、無条件で服従しなければならなかった。しかし、最近では、若手の僧侶が長老のいうことをきかなくなった。むしろ冷笑をもって無視することが多くなった。現在の長老は、むかしは自分たちは長老に絶対服従であったのに、と嫁にいじめられる姑《しゅうとめ》にもにた不満をいだいている。時代が変わってしまったのである。

長老の原語はサンスクリット語でスタヴィラ（sthavira）、パーリ語でテーラ（thera）である。徳行高く、年長なる修行僧（比丘《びく》）をよぶときにもちいられた。高徳の僧の言葉を集めた『テーラ・ガーター』（長老の詩）というパーリ語の聖典がある。一方、高徳の尼僧の言葉を集めたものが『テーリー・ガーター』（長老尼の詩）である。テーリーというのは、テーラの女性形である。また、仏滅百年後に仏教教団の分裂がおこったとき、伝統的・保守的な教理を主張する長老派グループは、テーラ・ヴァーダ（上座部）とよばれた。この場合の「長老」は、ガンジー首相と対立したシンジケート（長老派）と同じようなニュアンスを含んでいる。

長老のもう一つの原語は、サンスクリット語アーユシュマット（āyuṣmat）である。「寿命（アーユシュ）を有する」という意味で、「具寿」と漢訳されることもある。しかし、この場合、「寿命を有する」というのは、年をとったという意味より、むしろ「生命力にあふれた」という意味で、ヴァイタリティーにみちたりっぱな人をよぶときの尊称であった。バガヴァット（bhagavat「幸運〔bhaga〕を有する」という意味の尊称だが、「世尊《せそん》」と漢訳された）の場合と同じような例である。

仏典のみならず、一般の古代インドの文献において、「アーユシュマット」という尊称は、年長の人に対してもちいられると同時に、若い人や後輩に対してもちいられる例も多いのである。だから、漢訳仏典で「長老」と機械的に訳されている場合、原語がアーユシュマットである可能性もあるので、いつも年長の僧をさすとは限らない。その点、漢訳だけで仏典を読む場合、注意していただきたいものである。

（上村勝彦）

和《お》尚《しょう》

「山寺の　和尚さんは
　まりはつきたし　まりはなし……」
「ショショ証誠寺《しょうじょうじ》　証誠寺の庭は
……………………　負けるな　負けるな
和尚さんに　負けるな……」

わらべ歌や童謡にも登場するように、「和尚」は、僧侶に対するわりあい親しみをこめたよび名としてもちいられている。「おしゃん」とか「おっさん」とかなまって発音されることもある。

「おだやか」を意味する「和」と、「とうとい」を意味する「尚」が組み合わさっている語なので、漢語であるかのようにもみえるが、じつは、インドの俗語の音を漢字で写した語である。

サンスクリット語では、ウパーディヤーヤ(upādhyāya, パーリ語形ではウパッジャーヤ upajjhāya またはウパッジャー upajjhā）であり、その俗語形のオッジャー（ojjhā）がもととなっている。

ウパーディヤーヤは、先生、師匠の意味で、バラモン教やジャイナ教などインドの宗教界で広くもちいられた。それが仏教にもとり入れられたのである。

釈尊が鹿野苑《ろくやおん》ではじめて教えをとき、五人の修行僧が帰依したことによって、仏教教団が成立した。弟子たちが釈尊から直接に指導を受けることができるくらいの人数のうちは、あまり問題がなかったけれど、弟子の数がしだいにふえて教団が大きくなると、いろいろな面で問題がでてきた。

律蔵をひもとき、「和尚」の制度ができあがった由来をといている個所を見てみると、衣の着け方がだらしなかったり、托鉢《たくはつ》や食事の際のマナーが悪い修行僧があらわれてきたことが記されている。そのため、新しく入門した修行僧に、細かい指導をする者が必要となった。

また、修行僧は独身であったから、病気で寝こんだりすると、世話がゆきとどかず、みとる者もないまま死んでしまうようなこともおきてくる。こうして、和尚の制度が定められるところとなった。

弟子は和尚に対し、正しく仕えなければならない。坐具《ざぐ》を整えたり、水をささげたり、部屋の掃除や衣の洗濯など日常の身のまわりの世話一般を行う。托鉢には和尚につき従い、質問があれば教えをこう。和尚が戒を犯したら、弟子は反省の作法を行うようすすめる。和尚が病気になったら、弟子は看護をするのである。

ところで、両者の関係は、弟子が和尚に対して一方的に仕えるという主従の関係ではないところに特徴がある。

和尚も弟子に対して、やはり正しく仕えなければならない。まず、師として教えをとき、弟子を指導し守ることが大切なのはいうまでもない。弟子に不足のものがあれば、和尚はそれを調達して与えてやる。和尚は弟子に対して、水を与えたり坐具を設けたり、粥《かゆ》を食べさせたり、日常的な世話や指導を行う。弟子が戒をおかせば、和尚は反省させ、弟子が病気になったら、和尚が弟子の面倒をみるのである。

仏道入門の形式が整うと、入門式には、戒和尚、教授・羯磨《こんま》の両阿闍梨《あじゃり》の三名の先生と七人の証人を必要とすることが規定された。

中国ではおもに「和尚」は戒和尚の呼称としてもちいられたが、わが国では、朝廷が僧侶の官位を示す語として採用した。これが転じて、広く高徳の僧に対する尊称となった。宗派によっては、「かしょう」「わじょう」とも読む。時代がくだると、必ずしも高僧でなくとも、僧侶をさして「和尚」とよぶようにもなった。

現今では和尚と弟子の関係は、戒が制定されたころとは変わってしまったが、師弟は相互に助け合う関係をたもて、という律蔵の記述は、意義を失ってはいないといえよう。

（松本照敬）

坊主《ぼうず》

この語は、僧侶に対する呼称としてもちいられる語である。ところが、「坊主まるもうけ」、「坊主にくけりゃ袈裟《けさ》までにくい」、「生臭坊主」、「三日坊主」などと並べたててみると、侮蔑《ぶべつ》のニュアンスがこめられていることがわかる。「主」をとった語にしても同様である。「けちん坊」、「朝寝坊」、「みえ坊」等々。

それでは、「坊主」が何を意味しているかさぐってみよう。

まず、漢字の「坊」は、「防」に通じ、本来の意味は、水を防ぐ堤防のことであった。それが転じて、町の区画をしめす語としてもちいられるようになった。中国、唐代には、長安《ちょうあん》の都に百十坊の区画があったという。わが国においても、中国にならって、藤原京《ふじわら》、平城京《へいじょう》、平安京《へいあん》は、みな坊制をひいていた。

ところで、インドにおいては、仏教やジャイナ教の修行者たちが集まって暮している場所をヴィハーラ(vihāra)とよんだ。これは、「精舎」「寺舎」などとも訳されたが、僧院として区画された所であるから、漢訳者は、「僧坊」とも訳している。

わが国でも、寺院のある区域を、「僧房」「寺坊」とよんだのである。

ヴィハーラにあって修行者が生活する小舎あるいは一室は、サンスクリットでラヤナ（layana）またはクティー（kuṭi）といい、「房舎」「房」と漢訳されている。わが国でもこの語がとり入れられ、僧侶の起居する室を「房」とよんだ。その房に住する主人が、「房主」である。のちに、「房」と「坊」とが混用されて、「坊主」という呼称が生まれた。だから、「坊主」とは、大きな寺院の「一つの房のあるじ」というのが原意なのである。

こうして寺院の住僧を「坊主」とよんだ結果、室町《むろまち》時代以降は、「坊主」といえば、一般に僧侶のよび名となった。

「坊主」という語そのものにはけっして悪い意味はないのに、はじめに見たようにあざけりの意がこもっていて、響きがよくない。これはどういうわけか考えてみる必要がありそうである。

まず第一に、僧侶自体のなかに、品行方正でない者が存在し、「坊主」なるものの価値を低めたことは否定しえぬ事実であろう。中央政府や貴族、豪族などが金を出して寺院を保護している間は、僧侶は修行や勉学にいそしんでいればよかった。しかし外護者《げごしゃ》たちに力がなくなると、寺領が奪われたり荒されたりする状況も生じてきた。

僧侶は、自衛手段をこうじなければならなくなった。こうして僧兵も生まれた。仏道修行のための僧ではなく、戦うための僧であるから、素行がよろしくないのも当然のことである。

僧兵が力をもつと、為政者にとっては扱いにくい存在になった。坊主たちが民衆の味方として活動することも少なくなかったであろうが、その一方では年貢をとりたてたり、乱暴を働いたりして困らせることもあったであろう。徳川《とくがわ》幕府が成立して、寺院を政治的に利用することが考えられ、檀家《だんか》制度が確立すると、その権益の上にあぐらをかいて、一般の人びとのひんしゅくを買うような坊主もあらわれたことであったろう。人びとの尊敬をうけた坊主もおおぜいいたであろうが、悪いほうが目立つのは世のならいである。

第二に、徳川幕府の職制による「坊主」の存在が注意される。この坊主は、剃髪《ていはつ》で、城中にあって、大名や役人たちの給仕にあたっていた。かれらは、僧侶ではないのだから、仏教の教えも戒律もまったく関係がない。歌舞伎で有名な、お数寄屋《すきや》坊主・河内山宗俊《こうちやまそうしゅん》などはこの系列に属する。「坊主」のニュアンスが変わってくるのもゆえなしとはしない。

第三に、たんに生活の糧をえるために、坊主の姿をとって物乞《ものご》いする連中があらわれたことも、「坊主」の株を下げるのに役立った。普通の乞食《こじき》として物乞いするよりも、信仰のあつい地方では、僧形で托鉢する方が便利であった。本物の坊主か、にせ坊主か、姿だけ見たのでは一般の人びとには区別がつかぬ。

こうした諸般の状況によって、「坊主」は頭をまるめている者に対する貶称《へんしょう》、蔑称となってしまったのである。

男の幼児に「坊主」とよびかけることがある。これは、昔、子どもが剃髪する習慣があったところからきたよび名である。他人の男子をよぶのに「坊ちゃん」というけれどおとなしい子どもは「坊主」とはよばれない。悪童が「坊主」なのである。「わんぱく坊主」、「いたずら坊主」、「やんちゃ坊主」等々。愛敬《あいきょう》のある「坊主」は、「てるてる坊主」くらいのものであろうか。それにしても、語義の変化とは、まことに大きいものではある。

（松本照敬）

大《たい》衆《しゅう》

大衆というのは、いうまでもなく、多数の人びと、おおぜいの人びとのことである。それが、明治時代ごろから、社会の大多数をしめる労働者・農民などの勤労者階級をさす、やや特殊な意味をもつ言葉になった。プロレタリアートと同じ意味でもちいられるようになったのである。幸か不幸か、わが国の「大衆」は、十分に大衆運動家たちの期待にこたえていないようである。大衆運動家たちの本音は、「われわれが、このように、君たち大衆のために、努力しているのに、君たち大衆は、どうして立ち上がらないのか?」とでもいうところであろう。どういうわけか、わが国においては大衆運動は概してもり上がらないのである。一時的に気勢をあげてもすぐにおさまってしまう。大衆のために革命をやろうとする闘士のなかには、わが国の大衆はあまりにも安逸をむさぼっているといって、大衆めがけて爆発物を投げこむものがいる。大衆にとってはめいわくな話である。

ひどく大衆をもちあげるむきがあると思うと、何か「大衆」という言葉を侮蔑的にもちいる場合もある。大衆食堂、大衆酒場、大衆芸能、大衆化、大衆的、大衆小説等という言葉は、本来は悪い意味でもちいられていたわけではなかったのだが、ときとして軽蔑の対象となることもある。いずれにしても、もちあげられたり軽蔑されたり、「大衆」という言葉はいいように利用されつづけてきた。

仏教では、大衆を「だいしゅ」と読む。もっとも「だいしゅ」という読みかたは、中世以後であって、古くは「だいしゅう」と読まれたといわれている。おおぜいの人びとの集まりを意味するサンスクリット語が漢訳仏典で「大衆」と訳されている。とくに、修行僧（比丘《びく》）の集団を「大衆」と訳すことが多かった。それとともに、生死輪廻《りんね》の世界に住む人々を意味する言葉が「大衆」と訳された例もある。いわゆる小乗仏教の部派の一つである大衆部《だいしゅぶ》はサンスクリット語マハーサンギカ（Mahāsaṃghika）の訳である。釈尊の入滅後、百年ほどたったとき、戒律をあくまで厳守すべきであると主張した保守的な修行僧に反対する僧たちが集まって、大衆部をつくった。

ここに仏教教団は保守伝統主義的な上座部と、革新的寛容的な大衆部の二つに、根本分裂をすることとなった。寛容派の方が人数が多かったので大衆部とよばれたものであろう。大衆部の教説は大乗仏教につながる点が多く、大乗の源流とみなされることもあるが、その確証はない。

中国・日本の天台宗では、教団の本来の構成員である学生《がくしょう》のことを大衆とよぶ。また、禅宗でも、禅院にとどまっている多くの修行僧のことを大衆といい、さらに修行僧の総称として大衆という言葉がもちいられる。また、声明《しょうみょう》などを唱えているとき、導師《どうし》（唱導師《しょうどうし》）にひきつづいて合唱する僧たちを大衆とよぶ場合もある。

（上村勝彦）

袈《け》裟《さ》

「坊主憎けりゃ袈裟まで憎い」というように、袈裟は坊主ときってもきれない存在である。今日、坊主という言葉は一般にろくな意味で使われていないが、本来は身分の高い僧侶に対する敬称であった。坊というのは大寺院に所属する個々の小寺院をさし、その坊の主《あるじ》が坊主なのである。しかし、室町時代以後は一般の僧侶をも「坊主」とか「坊さん」とかよぶようになったという。袈裟は僧侶が出家者の標識として着る法衣《ほうえ》なのである。つまり、坊主は必ず袈裟を着用しているわけである。

中国や日本では、衣《ころも》の上に袈裟をつける。一般に衣と袈裟とは区別されているようである。袈裟にもいろいろな種類があるが、ほとんどの場合、右肩をだし、左の肩から右のわきにかけてかける。そこで肩からわきにかけて斜めに斬りおろすことを「袈裟がけ」とか「袈裟ぎり」とか表現する。また、「大袈裟《おおげさ》」というのは、大きな袈裟を意味し、あるいは大きく袈裟がけにきることをいう。さらに転じて、規模の大きいこと、誇大、おおぎょうを意味するようになった。

中国や日本では、袈裟は衣《ころも》の上に着用するといった。しかし元来インドでは、下衣《げえ》の上に直接つけていた。べつに衣と区別されていたわけではなく、まさに衣そのものをさしていたのである。ところが、暑いインドではそれでよかったのだが、中国や日本で袈裟だけを着ていたのでは寒くてたまらない。そこで、まず白衣を着て、その上に黒、赤、緑色、紫などの色の法衣を着て、さらにその上に袈裟をかけるようになったのである。

袈裟はサンスクリット語カーシャーヤ（kāṣāya）またはカシャーヤ（kaṣāya）の音訳である。カシャーヤは「赤褐色の」という意味である。そこで、染衣、間色衣、赤血色衣、壊色《えじき》などと漢訳される。インドの仏教徒は、仏教教団に入門すると、まず髪とひげを剃《そ》り、赤褐色の衣を着けさせられる。これが袈裟である。赤褐色の衣を着ているると、あれは仏教の修行僧だなと判別されたのである。

古代インド人は男でも女でも、日常生活においては、下衣と上衣《じょうえ》しかつけていなかった。下衣のことをアンタリーヤ（antarīya）とか、アンタル・ヴァストラ（antar-vastra）とか、アンタル・ヴァーサス（antar-vāsas）とかよぶ。いずれも「中に（antar）着る」という意味である。また、上衣のことを、ウッタラーサンガ（uttarāsaṅga）とか、ウッタリーヤ（uttarīya）とよぶ。「上に（uttara）着ける」という意味である。仏教徒もこの習俗にしたがって下衣と上衣を着けた。「安陀会《あんだえ》」と音訳され、「中衣」、「中着宿衣」と意訳されているものが、アンタリーヤ、すなわち下衣である。日常生活は下衣だけ、すなわち上半身はだかですごした。「鬱多羅僧《うったらそう》」と音訳され、「上衣」、「上着衣」と意訳されているものがウッタラーサンガ、すなわち上衣である。

仏教はこのほかにサンガーティ（saṅghāti）というものを着る。「僧伽梨《そうぎゃり》」と音訳され、「大衣」、「重衣」と意訳される。托鉢《たくはつ》に出たり、王宮に招かれたときに着る正装用の衣である。僧伽梨、鬱多羅僧、安陀会を三衣《さんね》とよび、仏教徒はこの規定の三衣のみをもつことが許された。それらの三衣の色は青・黄・赤・白・黒の五つのはでな原色を避けて、くすんだ地味な色（壊色《えじき》）がもちいられた。その色がカシャーヤなのである。最初、三衣は捨てられたぼろ布を洗ってつくられたので、糞掃衣《ふんぞうえ》ともよばれた。

ところが、中国や日本では、規定の三衣だけでは寒さを防げないため、さらにその下に衣を着るようになった。三衣（袈裟）は形式化され、儀式用の法衣の名称となった。極彩色をほどこした華美な袈裟もあらわれた。安陀会は五条袈裟《ごじょう》になり（さらに小五条《こごじょう》・三緒《みつお》・輪袈裟《わげさ》などに簡略化された）、鬱多羅は七条になり、僧伽梨は九条になったが、いずれも金襴《きんらん》、錦綾《にしきあや》、さらに紋様や縫い取りが施され、きらびやかに贅《ぜい》をつくした華麗なものに変形した。そしてその高価なことといったら、僧侶たちも目をまわしてしまうほどである。ああ、糞掃衣の昔、いまいずこ！

（上村勝彦）

伽《が》藍《らん》

「がらんどう」という言葉がある。ある一定の空間に物がなにもなく、人もいないさまをいう。この語の語源は、殻堂《からどう》あるいは空所《がらと》のなまりであるとも虚《から》の音便転ともいわれるが、漢字をあてるときは、「伽藍堂」とかく。そしてその伽藍堂が語源であるともいわれている。

「伽藍堂」については、またあとでふれることにしよう。

京都や奈良の古寺を訪れると、「当寺院の伽藍配置」とかかれた案内図をもらうことがある。その図には、どんな建物がどの位置にあるかが示されている。このように、「伽藍」は、寺院の建物をさしてもちいられる語である。

「伽藍」は、「僧伽藍」または「僧伽藍摩」の省略された形である。「僧伽藍」はサンスクリット語のサンガーラーマ（saṃghārāma）を漢字で写した言葉である。

ブッダの教えを信奉する者たちの共同体をサンガ（saṃgha）という。アーラーマ（ārāma）は動詞のアー・ラム（ā-√ram）から派生した語で、語根のラムには、「楽しむ」とか「休む」などの意味がある。アーラーマは、「楽しむ場所」「休む場所」の意で、「庭園」のことをいう。

「僧伽藍」の原意は、「仏道修行者の集団が居住する園」ということで、釈尊在世当時に設けられたラージャグリハの竹林園《おん》や、シュラーヴァスティーの祇《ぎ》園《おん》などはとくによく知られている。

インドには、夏と秋の間の三か月ないし四か月ほど、雨の降りつづく季節がある。これを雨期というが、インドの諸宗教の修行者たちは、草木が成長するこの期間には、対外活動をせずに一定の場所にとどまって研鑽《けんさん》を積む習慣であった。なぜなら、修行者がこの時節に出歩くと、草木を踏みつぶしたり、動物に危害を加えるおそれがあったからである。

ところが、仏教教団が成立した当初は、修行僧たちは、時期をかまわずに布教活動にとびまわっていた。そこで、他の宗教者から非難されるような事態がおきてきたのである。そのため、一般の慣習にしたがって、仏教教団にも、雨安居《うあんご》の制度がとり入れられた。

この期間は、修行僧は定住して師や先輩から指導を受けたり、次の活動のための準備をととのえたりする。在家信者たちは、修行僧が集まっている場所におもむいて教えを聞く。そうして雨安居の最終日には、その期間の言動について反省会を行った。

定住する場所としては、洞窟《どうくつ》なども利用されたが、人数が多くなると、あるていどの広さが必要であり、信者たちの寄進などによって僧伽藍が成立したのであった。はじめのころは、堂屋もごく簡単なものであったと思われるが、ともかく、こうして僧伽藍は、土地と建造物とを含む寺院の総称となったのである。

仏教が、中国や日本に伝えられると、七つの堂をそなえているものを一伽藍と称するようになった。

これが、「奈良七重《ななえ》　七堂伽藍　八重桜《やえ》」と歌われている七堂伽藍の制である。ただし七つの堂舎の名まえと配置については、時代によっても、宗派によってもことなっていて、一定してはいない。

中国の唐宋《とうそう》代には、伽藍を守護する意味で伽藍神《がらんじん》をまつり、伽藍神をまつる堂を伽藍堂とよんだ。これが、冒頭にのべた伽藍堂である。わが国においても、神仏習合思想によって、伽藍を守る神として諸神をまつるが、鎮守《ちんじゅ》とよぶことが多いので、伽藍堂という堂名はあまり聞かれない。しかし、たとえば、宇治《うじ》の黄檗《おうばく》山万福寺《まんぷくじ》には、伽藍堂がある。


（松本照敬）

祇園精舎《ぎおんしょうじゃ》

祭りといえば「祇園祭」というほどに、国中いたるところで祇園祭が行われる。祇園祭の元祖である京都の八坂《やさか》神社の祭礼は、全国的になりひびいており、七月十七日に行われる華麗な山鉾《やまほこ》の巡行は、よく知られている。八坂神社は新しい名で、明治元年五月に改称される前は祇園社であった。藤原基経《もとつね》（八三六―八九一）が邸宅を移して牛頭祠《ごずし》を建て、祇園精舎にならって祇園社と名づけたという。

「祇園」といえば、「祇園恋しや　だらりの帯よ」という歌の一節を連想し、すぐに舞妓《まいこ》さんを思い浮かべるむきもあろう。また古典のほうでは、「祇園精舎の鐘の声諸行無常の響あり」という『平家物語』の冒頭の文句は、あまりにも有名である。

「祇園精舎」は、祇陀《ぎだ》太子の園林に給孤独《きっこどく》長者が建てたインド仏教教団の僧院である。祇園は祇陀園（ジェータ・ヴァナ）の略で、くわしく祇樹給孤独園《ぎじゅぎっこどくおん》（ジェータヴァナ・アナータピンダダシヤ・アーラーマ）と漢訳されていることもある。

この僧院が建設された由来として、次のような話が伝えられている。

シュラーヴァスティー（舎衛国《しゃえいこく》）に、スダッタという名の長者が住んでいた。慈善の心に富んだ人で、孤独《アナータ》の人々に食を給する《ピンダダ》人（給孤独）とよばれていた。

　あるとき、かれは商用でラージャグリハ（王舎城）に出かけてゆくと、例年なら迎えにきているはずのその地の長者が出むかえていない。

「はて、何か事故でもあったのか」と思いながらその家へつくと、家中大わらわでおおぜいの客を迎えるしたくをしている。

「結婚式でもありますか。それとも王さまをおむかえになるのですか。」

「いえ、そうではありません。」

「どうして、こんなにたくさんのごちそうを用意しているのですか。」

「ブッダがこの世にご出現になったのです。ブッダとそのお弟子さんたちを接待申しあげるために準備しているのです。そのためにあなたをお迎えに行けず、申しわけありませんでした。」

　ブッダが世に出られたことを知ったスダッタ長者は、喜びに胸をはずませながら、ブッダにおめみえした。かれはブッダの威厳にうたれ、またその教えに感銘してただちに在家信者となった。

長者は、シュラーヴァスティーへもお出かけいただきたいとブッダに申し出、承諾をえた。かれは、家に帰ると、さっそく修行僧たちを迎えるにふさわしい場所をさがした。プラセーナジット王の太子ジェートゥリの園林が、僧院を建てる場所として最も適当と思われた。果樹がよく茂り、水も清らかで、香りよい花々もそなわっていた。長者は、太子に園林をゆずってくれるよう願いでた。

太子は、売る気はまったくなかったので、長者にあきらめさせるため、こんなふうに答えた。

「金貨を地面に敷きつめて、すきまがなくなれば、その価で売ってもよい。」

長者はただちに金貨を敷き始めた。太子はびっくりした。「たとえとしていっただけで、売るつもりはない。」

押し問答となって、とうとう裁判にもちこまれた。裁判官は売るべきであると断をくだした。太子は長者に、どうしてこんな大金を投じて園林を買おうとするのかを尋ねた。

「ブッダが世に出られたのです。ブッダとお弟子たちのため僧院を建てるのです。このために金は惜しくありません。」

「わたしの名をつけてくれれば、快くゆずろう。」太子も、心うたれて譲歩した。長者は園林を買いとり、講堂や食堂《じきどう》や浴屋や、その他必要に応じて建物をつくり、僧院を完成させたのである。

この話は、諸種の聖典に伝えられており、細かい点で若干の相異があるので、今は、『五分律』二十五巻の記述にもとづいて紹介した。

祇園精舎は竹林精舎とともに二大精舎とよばれ、その後の仏教教団の飛躍的発展のための根拠地となり、その名を後世にとどめたのであった。

（松本照敬）

卒都婆《そとば》

法事や葬儀が行われると、墓地に、故人の戒名などを記した細長い板が建てられる。この板は、「卒都婆」とか「塔婆《とうば》」とかよばれている。

「卒都婆」は、サンスクリットのストゥーパ（stūpa　パーリ語ではトゥーパ　thūpa）という音を、漢字で写した語である。「塔婆」は「卒塔婆」の略ともみられるし、ストゥーパの俗語形の音を写したとも考えられる。「塔婆」がさらに省略されたのが「塔」である。

ストゥーパとは、インドにおいて、土まんじゅう型に土を盛りあげてつくられた塚のことである。これがつくられるようになった起源は、必ずしも明らかではない。

仏教においては、ブッダや聖者の記念の印として、日常の持ち物や遺骨、あるいは髪や歯などを埋め、そこに土を盛りレンガでまわりをかためて、ストゥーパを建造したのである。

釈尊の在世中に、すでに塔がつくられたということが、『十誦律』の五十六巻に記されている。給孤独長者《きっこどく》は、釈尊が諸国を遊行なさっている間は、供養することができないので、なにか釈尊のかわりになるようなものをいただきたいと申し出た。そして釈尊から爪と髪とをもらって爪塔、髪塔を建立したという。

釈尊がクシナガラで入滅なさると、その地のマルラ人たちは、火葬した遺骨を自分たちで保管しようとした。ところがマガダ国のアジャータシャトゥル王は、使者を送って遺骨を要求した。他の国々からも、同じ要求がきた。マルラ人は、遺骨を手ばなすことを拒んだので、あわや武力衝突がおこるかという場面にいたった。

そこでドローナ（ドーナ）という名のバラモンが仲裁に入り、遺骨を八つにわけた。分配が終わってから申し入れをしたモーリヤ族には、灰がわたされた。ドローナには、配分にもちいた瓶《かめ》が与えられた。こうして釈尊を記念して十か所に塔が建てられることとなった。

これが、歴史的に確実とされる仏舎利塔の起源である。舎利とはブッダの遺骨を意味する。

紀元前二六八年、アショーカ王がマウリヤ王国の帝位についた。かれは仏教を保護し、仏教が世界宗教として発展する基礎をきずいた。アショーカ王が、釈尊誕生の地、さとりを開いた地などを始めとして、領内に八万四千の塔を建てたという伝説がある。

ブッダの遺骨を礼拝するために塔をつくるという儀礼は、その後もインドで行われ、仏教思想が伝播《でんぱ》するにともない、南方諸国や中央アジア、中国、朝鮮、日本にも伝わった。仏塔の信仰は、仏教発展の有力な根拠となり、大乗仏教は、仏塔信仰と深いかかわりを有している。

中国で仏塔がはじめてつくられたのは、三国《さんごく》時代である。中国独自の楼閣建築の影響により、インドのストゥーパとはおもむきのことなる形となった。

わが国の塔は、中国の塔建築の影響を受け、重層の高層建築物として建てられた。仏の遺骨をおさめるための塔も、のちには寺院建築の一様式となった。わが国では、瑜祇塔《ゆぎとう》、多宝塔、大塔、宝篋《ほうきよう》印塔など、さまざまの塔が建立されるようになった。そうして、塔を建てることは、写経などと同様に、大きな功徳を積むことであると考えられたのである。

塔は、葬祭儀礼とも結びついた。故人の追福を意図して建てられることとなり、塔形が墓標としてもちいられるようにもなった。

大名たち支配者階級は、墓標として五輪塔や宝篋印塔を建てた。五輪塔は、地・水・火・風・空を象徴してあらわしたもので、密教思想にもとづく。

一般層にあっては、古くは、遺骸《いがい》を尊ぶ思想は強くなかった。どちらかといえば、死者をおそろしいものとして敬遠していた。庶民の墓地は、村落からはなれた山辺や海辺にもうけられた。墓は、土まんじゅうの上に石をのせる程度であったが、しだいに木の塔婆を建てる風がおき、さらに近世になってから石塔が建てられるようになった。

前述したように、塔の建立は、仏法の護持につながり、大きな功徳があるというので、追善供養の法会に際し、功徳を故人にめぐらす意味で板塔婆を建てることも一般化したのである。板塔婆の上部にみられる切りこみは、五輪塔の形によっている。

わたしたちが、現在、大寺院を訪れて仰ぎ見る五重塔、三重塔も、墓地にひっそりと建てられている板塔婆も、その淵源《えんげん》をたずねれば、同じ古代インドの土まんじゅう型のストゥーパにたどりつくのである。

（松本照敬）

舎《しゃ》利《り》

舎利は遺骨、とくに仏陀《ブッダ》の遺骨（仏舎利）のことである。先年、観音様で有名な浅《せん》草寺《そうじ》の五重塔が完成し、スリランカのイスルムニア寺院から仏舎利を分骨してもらって、塔内に安置した。それを見聞きした人は一様に、「ほんとうにお釈迦様の遺骨かな？」と疑問を感じたようである。

仏舎利と称するものは、世界中（とくに東南アジアの仏教国）いたる所に散在している。お釈迦様の骨がそんなにたくさんあるはずがない、というのが一般人の素直な感想であろう。それならば、スリランカから浅草寺に伝わった仏舎利はインチキなのだろうか？　いや、そのようなことは絶対にない。いやしくも、仏教を信ずるスリランカの高僧がインチキなどするはずはない。ニセの仏舎利だと少しでも疑問に思っているとしたら、そういうものを日本に送るようなことはしないであろう。少なくとも、スリランカの高僧たちは、それが真実の仏舎利であると信じているのである。とすれば、この仏舎利はきわめて伝統のあるものに違いない。

舎利はサンスクリット語シャリーラ（śarīra）の音訳である。シャリーラというのは、もともと身体のことであるが、仏教ではそれがいつしか仏の遺骨を意味するようになったのである。

火葬の習慣は古代インドから存し、バラモン教の文献にも火葬の方法が規定されている。火葬が終わったら骨揚げする。骨を残すことのないように徹底的に集めて灰の堆積《たいせき》をつくる。そして砂利まじりの石でそのまわりを囲む。次に骨を水で洗い、つぼに入れ、それを大地に埋葬するのである。そして墓標を建てる。

釈尊がクシナガラでこの世を去ったときにも、その遺体は火葬された。このころすでに遺骨崇拝が存在したらしく、八つの部族がそれぞれその遺骨を要求して争ったと伝えられている。遺骨が仏の身体（シャリーラ）そのものと考えられたので、仏舎利が異常に尊ばれたものであろう。ドーナというバラモンの仲裁により、仏舎利をめぐる流血の惨事は避けられ、遺骨を八等分することにした。そして、ドーナ・バラモンには遺骨を納めていた瓶が与えられた。分配が終わってから遅れてやってきたモーリヤ族という部族は、仏舎利を手に入れることができず、火葬場の灰をもって帰った。仏舎利をもらって帰った八つの部族は、それぞれそれを自分の国にもって帰って舎利塔を建てた。ドーナ・バラモンは瓶塔を建て、モーリヤ族は灰塔を建てたと伝えられている。

のちにアショーカ王（紀元前二六八年から二三二年ごろにかけて在位）の時代になると、仏陀あるいは仏弟子・聖者などの遺骨遺品に対する崇拝が非常に盛んになり、それらが埋葬されている場所には壮大な塔が建てられた。アショーカ王自身、全インドに仏教を広めるために仏教の布教師を各地に派遣し、それとともに、八か所に埋葬されていた仏舎利を分骨して、全インドに八万四千の舎利塔を建てたと伝えられている。この時代には、ジャイナ教でも教祖マハーヴィーラが信仰の対象となり、舎利崇拝も行われるようになり、多くの塔が建てられた。仏塔崇拝が、大乗仏教興起の要因の一つにあげられているほどで、インド仏教史上において舎利崇拝のはたした役割は大きい。

一八九八年に、釈尊の生誕地カピラヴァストゥから約十三キロのところにあるピプラーワーという場所で、イギリスの駐在官ペッペが一つの舎利瓶を発見した。それは、そのふたの刻文から、釈尊あるいは釈迦族の人びとの遺骨であると判定された。この舎利はタイ国の王室にゆずりわたされたが、その一部が日本にわけられて、現在、名古屋の覚王山日泰寺《にったいじ》に納められている。

アショーカ王の子マヒンダは、数名の布教僧とともにスリランカに仏教を伝えた。

それ以後スリランカは仏教国になり、仏舎利ももたらされた。それがまわりまわって浅草寺に伝えられたのである。

このように、仏舎利というものは無数に分骨されたから、一つの仏舎利は非常に微細なのである。その形状が似ていることから、米粒のことを俗に「しゃり」とよぶようになったといわれている。

（上村勝彦）

盂蘭盆《うらぼん》

「盆と正月いっしょに来たよなテンテコ舞いのいそがしさ」と歌われているように、お盆はむかしは正月とならぶ重要な行事であった。現在、都会ではせいぜい盆踊りをやるのでいそがしいぐらいのものである。

盆は盂蘭盆の略である。毎年、七月十五日を中心に、祖先の霊を迎えて仏事をいとなむ。現在では十三日の夜に迎《むか》え火を焚《た》いて精霊《しょうろう》を迎え入れ、十六日の夜に送り火を焚いて精霊を送り出す。地方によっては旧暦によって行うが、東京などでは新暦で行う。関西地方などでは、八月の同日に行う。(「精霊」をふつうは「しょうりょう」とよみ、「しょうれい」とよむこともある。)

わが家でも七月十三日になると、家族うちそろって迎え火を焚く。子どものころには精霊という言葉がどういう字かわからなかったが、よく親たちから「お精霊《しょうろう》様が来るからよい子にしてなさい」などとおどかされて、薄気味悪く思ったものであった。

そういえば、わが家ではお精霊様に白玉《しらたま》を供える。その由来は明らかではないが、もしかすると古代インドの習俗に起源をもつものかもしれない。インドの祖霊祭においては、ピンダという米でつくった団子を祖先の霊に供える。祖霊祭のやり方については、例の『マヌ法典』三・一二二—二八六や『ヤージュニャヴァルキヤ法典』一・二一七—二六九などでくわしく説かれている。白玉をつくる白玉粉の原料はもち米である。ピンダと白玉との間には、何らかのつながりがあるのかもしれない。

前おきが長くなったが、盂蘭盆の語源について考えてみたい。最近では、イラン語起源説が学界で非常に有力になってきた。岩本裕氏によれば、イランでは死者の霊魂をウルヴァンとよぶ。このウルヴァンが盂蘭盆の語源であるという。イラン語起源説でも別の語源を立てる学者もいるが、いずれにせよ、敬聴するにあたいする学説である。

従来の伝統的な解釈によれば、盂蘭盆は、サンスクリット語ウッランバナ(ullambana)の音訳であるとされる。そして、ウッランバナとはさかさまにつるされること(倒懸《とうけん》)で、死者がさかさまにつるされているような苦痛を受けているのを救うために法会を行うことである、と説明される。これは一種の通俗語源解釈かもしれないが、中国(あるいはインド)で、ある時期から親しまれてきた解釈であり、現在にいたるまで一般にはそう解釈されている。

わが国で盂蘭盆会が行われるようになったのは、おそくとも七世紀の初頭である。中国では六世紀の前半から行われるようになったという。この仏事は『盂蘭盆経《うらぼんきょう》』という経典にもとづいて成立したとされる。二つの中国語訳があるが、梵語《ぼんご》原本はない。その成立時期は明らかではないが、訳者の一人は三世紀の人である。この『盂蘭盆経』によると、釈尊の高弟の目連《もくれん》尊者が、餓鬼道に堕《お》ちた母の苦しみを救うために、釈尊に教えられて、七月十五日に法会を行ったのが盂蘭盆会の起源であるという。

(付 avalambana の俗語 olambana に盂蘭盆の語源を求める説もある。)

(上村勝彦)

引《いん》導《どう》

「りっぱな業績をあげたことだし、かれもこのへんで、そろそろ身をひくべきだなあ。」

「いやいや、そうはいっても、誰がかれに引導を渡す役目をひきうけるかが問題なんだよ。」

こんなふうに、「引導を渡す」という言葉は、現代の用例では、最終的ないいわたしをし、覚悟をきめさせるという意味でもちいられている。

仏教思想をはなれて、漢字そのものの意味からみれば、「引導」は、「あんないする」ということである。道家の養生法の名まえにも、「引導」というのがある。

仏教においては、本来、人びとを教え導いて仏の道に引き入れること、を意味していた。よく例示される『法華経』法師品の、「もろもろの衆生を引導し、これを集めて法をきかしむ」などという文にあらわれる「引導」は、まさしくこの意味でもちいられている。

ここから転じて、葬儀において、死者が迷わぬよう僧侶が法語を唱えるのを「引導」というようになった。死者に対する引導は、中国唐代の禅僧、黄檗希運《おうばくきうん》が亡くなった母のために法語を説いたことに始まるという。『増一阿含経《ぞういちあごん》』大愛道般涅槃品《はつねはん》には、黄檗禅師と同じく、釈尊が大愛道比丘尼《びくに》のために法語を説いたということが記されている。

大愛道というのは、釈尊の養母であるマハープラジャーパティーのことである。釈尊の生みの母であるマーヤー夫人は、釈尊を生んでのち、七日で亡くなられた。そこで妹のマハープラジャーパティーが正妃となって、釈尊の養育にあたったのである。

後年、釈尊がさとりを開いて故郷に帰ってきたとき、かの女は、「女性の出家を許してもらいたい」と願いでた。なかなか許可がでなかったが、アーナンダ長老のとりなしで、女性の出家が認められ、マハープラジャーパティーは女性出家者の第一号となり、行いの正しさによって尼僧の模範とされたのであった。

『増一阿含経』の記述によると、かの女は釈尊の入滅をみるにしのびず、釈尊に先立って入滅することの許可を求めた。釈尊がこれを許したので、かの女は釈尊よりも三か月早く入滅した。このとき釈尊は、かの女の荼毘《だび》に立ちあい、「一切行は無常なり。生ずれば必ず尽くることあり。生ぜずばすなわち死せじ。この滅を最楽となす。」という詩を唱えられたという。

わが国では、ほとんどの宗派において、葬儀の際に引導の作法を行う。とくに、禅宗において、「カツ」などの声をたてることがよく知られている。真言宗では、引導法という修法を行う。

日本において、「引導」が、生者を導く意味よりも、死者を導く意味で定着していることについては、それなりの理由があると考えられる。それは、鎮魂という考えに深いかかわりがあるのではないだろうか。

わたしたちの祖先は、わたしたち人間が死ぬと、ヨミノクニへ行くことになっている、と考えていた。ヨミノクニへ行った人は死霊であり、自然神である。そしてその神は、やさしい神ではなく、おそろしい神としての性格が強かった。生者からすれば、死はけがれであり、神となった死者はおそろしい存在であると考えられた。

およそ生きとし生けるものにとって、生への執着は、なにものにもまして熾烈《しれつ》である。生への欲望は食欲に似ているという。いつでも好きなときに食べられるとわかっていれば、食物への執着はそれほどおこらない。しかし、夜半におなかをすかして、なにかないかと戸棚や冷蔵庫をさがしてみて、なにもないとわかるや、空腹感は倍加する。

生存欲も同様である。病気にならなければ健康のありがたさを意識しないが、もし「あなたの命はあと一週間です」と宣告されれば、とても平静にはうけとめられない。多くの場合、人は思いをこの世に残しながら死んでゆく。むかしの人びとは、この世に強い執着の思いを残しながら死んだ人の霊には、とりわけ強く恐怖の念をいだいたにちがいない。

このようにして「引導」は、死者の魂を鎮める呪術《じゅじゅつ》的な効力を発揮する役目をはたしてきたと考えられる。もとより、「われらをおびやかすな」、「迷わないでくれ」、「もう思い残すなよ」という生者の願望をみたし、荒ぶる霊をなだめる意味しかないというわけではない。「どうか静かに、安らかに眠ってほしい」という死者へのねぎらい、感謝、いたわりの気持ちがふくまれていることはもちろんのことである。しかし、実のところ、死んで意識がなくなってしまってから法語を聞かされたのでは、いささか遅きに失するのではあるまいか。

（松本照敬）

茶《だ》毘《び》

「遺骸は、茶毘に付された。」

「茶毘の煙は、風のない空に、静かにたちのぼっていった。」——

「茶毘」は、「火葬」の意味でもちいられている言葉である。

火葬は、死者をほうむるための一方法であるが、インドでは、古くから、遺体の処理は、いろいろな方法で行われていた。遺体を山などにすて、鳥や獣などに食わせる方法、土中に埋める方法、河に流す方法、薪を積みかさねて焼く方法、あるいは、墓所とさだめた場所にさらす方法などがあった。

釈尊が入滅されたとき、その遺体は火葬に付された。そこで、それ以来、火葬が仏教徒の葬法となったのである。

礼を尊ぶ中国では、葬祭はきわめて重んじられた。中国においても、土葬、火葬など各種の葬法がなされていたもののごとくである。仏教が伝わったのち、僧侶の間では、火葬が採用されたが、必ずしも徹底しなかったようである。これは、孝の思想からすれば、親の遺体を焼くことは親不孝にあたると考えられたためであろう。

わが国では、古くは、土葬、風葬、水葬が行われていた。なかでも土葬がもっとも広く行われていたが、仏教の葬法が普及する以前は、民間における遺体のあつかいは簡略であり、山や路傍にすてさることも少なくなかったらしい。

仏教は、わが国に六世紀の前半に伝来したが、火葬の方法は、それよりもかなり遅れてもたらされた。奈良の元興寺《がんごうじ》の僧である道昭《どうしょう》は、六五三年に、遣唐使とともに中国へ渡った。かれは、長安の大慈恩寺《だいじおんじ》の玄奘《げんじょう》に会い、教えをうけて六六〇年に帰国、法相宗《ほっそうしゅう》をひろめるところとなった。これが、わが国における法相宗の初伝である。

道昭は、七〇〇年三月に没し、遺命によって火葬に付された。かれが、わが国の火葬第一号として伝えられている。

そののち、火葬は急速に普及した。早くも七〇三年には持統《じとう》天皇が、七〇七年には文武《もんむ》天皇が火葬に付されている。その後の天皇の葬法としては、土葬も行われたが、多くは火葬によってほうむられている。火葬は一般社会にも浸透し、土葬とならんで行われるようになった。

火葬が、わが国の葬法として、まったく抵抗感なく受け入れられたのは、それなりの理由があるはずである。この点について少しく考えてみよう。

まず第一に、日本人一般の思惟《しい》傾向として、現世中心主義である点が指摘しうるであろう。来世にあまり期待しないし、死んだ肉体を保存して、そこへふたたび帰ってこようなどとは考えない。わが祖先たちにとっては死んでしまった以上、土のなかで腐ることも、焼かれて灰になることも、同じ意味しかもたなかったのではあるまいか。

第二に、わが祖先たちにとって、死者は、いたむべきもの、まつるべきものであると同時に、こわいもの、おそろしいものでもあった。人びとが集まって通夜をするのは、いたむべきものとしての考えかたがでている。葬式のときには、ふだんしないことと、反対のことをすることが多いが、これは、死者にこの世の者ではなくなったことを納得させ、生者へたたることのないようにとの考えかたがでていると思われる。死者のたたりを避けるには、生前のままの形でおくよりも、形を変えてしまった方が問題が残らない。

第三に、疫病などで死んだ場合には、土葬や水葬よりも、流行を防ぐ上で実用的であるという面もあった。

第二次大戦後、わが国は、種々の方面でアメリカナイズされたが、こと葬法に関しては、アメリカ流の土葬中心主義は浸透しなかった。火葬という葬法のなかに、日本人の民族的思惟が根強く生きていると思われる。

さて、火葬を意味する「荼毘」の語源をたずねなくてはならない。「荼毘」は、パーリ語のジャーペーティ(jhāpeti もしくは、この語に相当する俗語)の音を、漢字で写した語である。ジャーペーティは、「燃える」「焼ける」を意味する動詞ジャーヤティ(jhāyati)の使役法で、「燃やす」「点火する」「火葬にする」という意味である。

火葬は、外来の葬法であり、わが国にはそれに該当する適当な語がなかったこと、また死に関することがらは、忌《い》み言葉として直接的な表現をとることを避ける傾向があるところから、「荼毘」という語がそのままもちいられるようになったのであろう。

(松本照敬)

加《か》持《じ》

「加持の僧ども、声しづめて法花経を読みたる、いみじう、尊し」〈『源氏物語』葵〉

「仁和寺の御室《おむろ》守覚法親王、御参内あて、孔雀経の法をもて御加持あり」〈『平家物語』三巻、赦文〉

「此聖を心みんと思て、やはらよりて、火界呪をもちて加持す」〈『宇治拾遺物語』清滝川聖ノ事〉

「やむごとなき僧どもをもちて加持すといへども、つゆその験《しるし》なし」〈『今昔物語』神明の睿実持経者の語〉

「加持」という語は、右のような古典文学の中ではおなじみの言葉であるが、今日の日常生活においては、あまり耳にすることがなくなってしまった。「加持祈禱《きとう》」と熟してもちいられることも多いためか、祈禱と同義として解されたり、混用されたりもする。厳密にいえば加持と祈禱とは意味を異にするが、これについては、またあとでふれよう。

「加持」のサンスクリット原語は、「立つ」「支配する」などの意味をもつ動詞アディシュター(adhi-sthā)から派生したアディシュターナ(adhiṣṭhāna)という中性名詞である。これは、普通、「立場」とか「支配力」などを意味するが、仏教の術語としては、仏が特殊の力をもって、われわれ衆生を守ることをいい、「加護」「護念」などとも漢訳されている。

われわれ人間を含めてすべてのものは、何かあるものの力に支えられて存在している。人は意志をもち、自分で考えて行動し生きてゆくので、普通は、自分だけの力によって生きていると考えがちである。

しかし、生まれる以前に、生まれようと計画を立てて生まれてきた人はいない。年もとりたくはないが、時間が経過すれば自然に年をとり、死にたくなくとも死なされてゆくのである。人間は、光と熱を供給する太陽が輝き、支えとなる地球があり、そこに水や空気もあって、やっとそのなかで生きている存在である。自然を改造しながら生活を便利にすることはできるけれど、人間を根底的に支えるもので、人間がつくり出したものは何もない。

太陽のまわりを地球が誤りなく回転しているなどのように、宇宙には厳とした法則が存在し、その法則の力によって人間は生かされている。仏教ではそのような宇宙の法則――真理――を「法」とよぶ。

　大乗仏教では、宇宙は、この法を有しているので、真理を体現しているもの――法《ほっ》身《しん》――とよんだ。法身は、われわれ万物をつつみ、支え守っている。宇宙はブッダの法身そのものである。法身たる仏が万物をはぐくみ守る力が「加持」である。

　密教では、法身を大日如来という名でよび、その仏がやすみなく説法していると説く。春に花がさき、秋には木々の葉が紅葉する。川のせせらぎ、うちよせる波、こうした自然の活動すべてを、絶対者大日如来がわれわれに語りかける言語活動と見るのである。

　宇宙の運行は、その絶対者の、身体、言語、精神の三つの活動としてとらえられた。宇宙の活動は、絶対者である仏の働きであるから、相対の世界に住むわれわれの通常の思考によっては、はかり知ることができない。だからこれを秘密とよぶ。仏の身体、言語、精神の活動は、三つの秘密――三密――である。

　宇宙全体が仏であるとすれば、われわれ人間も、仏を離れて別にあるのではない。しかし、われわれは現実には仏ではなく、迷っている。われわれが迷っているのは、生滅変化する現象の世界にあって、それらのものを永遠不変のものと思い誤っているからである。宇宙の法則を正しく解さず、それにさからって生きているから迷うのである。

もし、われわれが自分の身体、言語、精神の活動を、宇宙のそれに合致させることができるならば、われわれもまた、仏そのものにほかならない。そこで密教で行われるのが「三密加持」という修法である。手には仏の印契《いんげい》を結び、口には仏の言語である真言を唱え、心を仏の心境におくと、われわれ衆生の三密と、仏の三密が合致して仏になる。

密教では、「加持」は、仏の慈悲が信仰する者の心に加えられ、信仰者がその慈悲を自らの信心によって感じとることをいう。

このような「加持」の思想が展開して、三密加持の修行を行う際になされる一定の作法をも、「加持」とよんでいる。この修法上の「加持」が、冒頭にかかげた古典にあらわれる「加持」なのである。「祈禱」には、加持の修法を含めた大かがりなものもあるが、広く「神仏に祈ること」と考えれば、口に出して祈る祈り方もあろうし、心のなかだけで祈ることもできよう。これに対して、「加持」は心だけ、あるいは言葉だけで行うことはできない。

修法の「加持」には、いろいろな種類があるが、一例として、「香水加持《こうずいかじ》」をみてみよう。この作法は、煩悩《ぼんのう》やけがれを除く修法にもちいる水を清めるために行われる。

清めようとする水の入った器を見、心には清めようと念じつつ、口には特別の真言を唱え、同時に左手にもった念珠に右手で結んだ印契をすりあてる動作を行う。「加持」は、身体と言語と精神の三活動を一点に集中することによって特別の力を生じさせ、対象にその力を及ぼさせようとするのである。

このような加持の修法が民間にも浸透し、病人加持、帯加持、井戸加持などが行われ、しだいに密教の三密加持の原則から離れるような状況も生じてきた。そのために、祈禱との差異もはっきりしなくなり、ほとんど「まじない」の意味にもとられるようになったのである。

しかし、「加持」の究極目標は、先にみたように、身体、言語、精神の三密を仏に合致させ、この身のままで仏としての自分を実現させることにあることはいうまでもない。

（松本照敬）

護《ご》摩《ま》

テレビや映画の時代劇には、ときどき「ごまのはい」という悪漢が登場する。「ごまのはい」は、旅人をだまして金品をかすめとる盗賊をいうのであるが、これは、弘《こう》法大師《ぼうだいし》の護摩の灰であるといつわって、旅人に押し売りをしたやからに名づけたのが、その名の起こりだという。

護摩は、現在でも、仏教寺院で行われている火の儀式であるが、護摩という語の起源にストレートに迫るまえに、ちょっと寄り道をして、火の儀式についての思想的な背景などながめてみよう。

オリンピック大会が開催されると、その発祥の地であるギリシアのアテネから、次々と聖火をリレーしてメイン・スタジアムまで運び、会場で炎々と燃やし続け、大会の終了とともにその火を消す行事が行われることは、だれでも知っている。これは、現代において火を神聖視して行う儀式の一例であるが、火への信仰は、民族や地域をこえて、古くから行われてきた。

古代の遺跡が発掘されると、そこに火が信仰されていたことを実証する痕跡《こんせき》が認められることもまれではない。古代イランの民族宗教であるゾロアスター教は、一名、拝火教とよばれる。この宗教の主神は、アフラ・マズダという名の光の神で、礼拝の対象は、その神を象徴する祭壇上の聖火であった。

ギリシア神話をひもとけば、天上の火を人間に与えて大神ゼウスの怒りをかい、コーカサス山に鎖でつながれ、肝臓を鷲《わし》につつかれるという刑罰をうけたプロメテウスの物語がでてくる。この物語も、火が神聖視されたことを明らかに示している。

わが国においても、正月に行われるどんど焼きの行事や、京都の大文字焼きなどを例示するまでもなく、火に関する祭りは数多い。

このように火が崇《あが》められてきた理由を考えてみると、まず、火には人間に必要な熱を与える作用のあることがあげられよう。衣服や住居について満足できる状態になかった古代人にとって、温さを与えてくれる火の存在は、なくてはならぬものであった。食生活についても、狩猟で手に入れた獣の肉を、火をもちいて調理することができた。

第二に、火は光を供給してくれる。野獣や魔物の跳梁《ちょうりょう》する夜は、古代人にとっておそろしい時間であった。暗黒の世界におびえた古代人は、しばしば闇を悪にたとえ、光を善にたとえて明るい光の世界にあこがれた。火は、獰猛《どうもう》な獣や魔性のものから身を守ってくれる、安全のシンボルであった。

しかし、光と熱の供給源として火が尊崇されたと述べるだけでは、火の信仰を説明するのにまだ十分ではない。われわれの祖先の光と熱に対する欲求は、切実なものがあったには違いないのであるが、宗教的な意味において重要なのは、火が焼くという力をもっているという点である。不浄なものを焼きつくす――浄化力――という点で、火は重んぜられた。

未開社会では、死者や病人が出るなどの不幸に遭遇したとき、その事実を穢《けが》れであると考え、もしこの穢れ――不浄――をそのままにしておくならば、必ずまた恐ろしい結果がもたらされると信じ、おそれをいだいた。この不浄を清める道具としては、血や香、あるいは煙などももちいられたが、とりわけ火と水とが、有力な清めの媒介であった。

古代インドのヴェーダの宗教においても、火はきわめて重要視された。サンスクリット語で、火は「アグニ」というが、それはまた、そのまま火の神のなまえでもある。古代インド人は、火を家庭生活の中心である「かまどの火」として神聖視した。火の神は、人間に身近な存在として親しまれた。『リグ・ヴェーダ』の中で、アグニにささげられる讃歌《さんか》の数は、インドラ神（帝釈天）に対する讃歌についで多い。このことは、この神の人気の高さを物語っている。火神アグニは恩恵に富む神で、家庭の幸福をもたらす一方、有害な悪魔を焚殺《ふんさつ》するという強い面をもつ。

ヴェーダの宗教は多神教であった。自然現象や自然界を構成するもの——たとえば太陽や月、あけぼの、風、雨など——が、神として崇められた。宗教儀礼の中心は、供儀によって、神々からさまざまの利益——繁栄、健康、長寿、家畜の繁殖など——を得ることである。

ところで、人間界は地上にあるのに、神々は天空を遊歩していて、その間は、はるかにかけはなれている。祭壇に供物をそなえて祈るだけで、はたして神々は満足なさるであろうか。なにか、神々に供物をお届けするよい方法はないものであろうか。

この問題を解決するかぎは、人間界と天上界を結びつける媒介者の有無にかかわる。こうして、神々に壇上の供物を煙の形で運んでゆくことのできる、使者の役目をおびた火神の存在が重視された。そして、ヴェーダの儀礼の中で、火の祭り、ホーマが基本的なものとなったのである。

護摩とは、このホーマ（パーリ語でゴーマ）という音を、漢字で写した語である。ホーマ（homa）という名詞の語根は、フ（√hu-）という動詞である。この動詞は、「火の中に注ぐ」、「火中に投げ入れる」あるいは、「捧《ささ》げる」、「供える」という意味である。

ヴェーダの宗教は、バラモン（司祭階級）によって、しだいに教学や宗教儀礼が整えられた。そしてホーマは、いろいろな儀礼——結婚式、分髪式、祖先供養式など——に際して行われた。

仏教の護摩は、まさにこのヴェーダの宗教のホーマの儀式に端を発しているのである。護摩が「焼くこと」を意味しているのは知られたが、それでは、仏教寺院に行われている護摩において、いったい何が焼かれているのであろうか。それは、むさぼり、いかり、おろかという三つの根本的な煩悩《ぼんのう》であるという。護摩の智火は、煩悩を焼き清めながら、永遠に燃えつづけてゆくことであろう。

（松本照敬）

降《ごう》伏《ぶく》

この語は、ちょっと変わった語である。「こうふくする」とにごらずに読めば、一般用語として「敵に降参する」意味である。「ごうぶくする」とにごって読めば、「悪心などをくだし伏する、うちまかす」という仏教語としての意味になる。にごるかにごらないかで、まったくちがった意味になるのである。

かつての大戦で、わが国の津々浦々の神社や仏寺では、敵国降伏《ごうぶく》の戦勝祈願を行ったのである。ところがその結果は、惨敗をきっして、無条件降伏《こうふく》となってしまった。敗戦という経験をしたことがなかったわが国民にとって、これは大きなショックであった。

いろいろな角度からこのショックを分析することができると思われるが、ここでは信仰の面について考えてみよう。日本人の比較的根強い信仰形態は、神仏などの対象に祈りをささげ、それによってなんらかの果報——病気の平癒や五穀の豊穣《ほうじょう》など——をえようと期待する形式である。敗戦を経験する以前においても、個々の立場からは、祈っても病気がなおらなかったり、戦争で息子が死んでしまったりすることなどによって、神仏はあまりたよりにならないと考えていた人びとは少なくなかったであろう。しかし、戦勝という民族全体の浮沈にかかわる祈りを神さまがお聞きとどけにならず、国土が焦土に帰してしまったということは、くらべものにならないほどの大打撃であった。それまでは願いを聞きとどけてくれると信じこんでいた神仏への不信感がふき出してきたのもゆえなしとしない。

戦後は、公教育の場で宗教を教えることもなくなり、宗教にふれることがタブーのようにもなったので宗教ばなれの現象がおきた。無宗教であることが、むしろ進歩的のしるしとされるようにもなった。しかし、長い間につちかわれてきた日本人の宗教に対する意識構造は、簡単には変わらなかったので、御利益《ごりやく》をもたらしてくれそうな新しい宗教が高度成長をとげたのである。

さて、「降伏《ごうぶく》」であるが、『佛教語大辞典』には、原語としてスタンバナ(stambhana) やプラグラヒータヴィヤ (pragrahitavya) があげられている。前者は動詞の語根スタンブァ (√stambh) ——支える、止める——から派生した語で、「阻害すること」の意味である。後者は、プラ・グラフ (pra-√grah) という動詞の未来受動分詞で、「抑制すべき」という意味である。

密教で修する護摩は、目的に応じて種々に分類されているが、そのなかに降伏法というのがある。この場合の「降伏」にあたるサンスクリット原語は、アービチャーリカ（ābhicārika）である。語根のアビ・チャル（abhi-√car）は、「魅する」、「魔法にかける」という意味である。

降伏法は、悪人や悪心をおさえるために修する護摩で、三角形の炉をもちい、南面して行うのである。

ところで、護摩には、外《げ》護摩と内《ない》護摩という区別がある。外護摩は、壇やいろいろの器具をしつらえて実際に火を燃やす修法である。内護摩は、心のなかで行う観法の護摩である。降伏法を修する場合の内護摩は、他の者を憎んだり害したりする意味ではなく、じつは、人間の悪意というものがその人自身を苦しめることになるので、その悪意をとり除いてながく安楽にしてやろうという慈悲の心から行うのだ、と念ずることをいうのである。つまり、降伏《ごうぶく》すべき対象は外にあるのではなく、人間の内面にあるのである。

うらみは、うらみによってやむことはない。うらみをすててこそやむのである。――『法句経《ほっくきょう》』の一節である。降伏すべきものを外側にむかって追いもとめているかぎり、人は永遠にその目的をとげることはできないのであろう。

（松本照敬）

中村《なかむら》　元《はじめ》　一九一二年生まれ。東京帝国大学文学部卒業。東京大学名誉教授、東方学院学院長、比較思想学会名誉会長、学士院会員などを歴任。仏教思想・インド哲学の第一人者。紫綬褒章、文化勲章、勲一等瑞宝章受章。九九年没。

松濤誠達《まつなみよしひろ》　一九三六年生まれ。大正大学仏教学部卒業。東京大学大学院人文科学研究科修士課程修了（印度哲学）。インド思想史・チベット文化史専攻。大正大学教授、同大学学長、東洋文庫研究員などを歴任。二〇一七年没。

松本照敬《まつもとしょうけい》　一九四二年生まれ。早稲田大学卒業。東京大学大学院人文科学研究科修士課程修了（印度哲学）。文学博士。インド思想史専攻。大東文化大学教授などを経て、現在、成田山仏教研究所首席研究所員。

上村勝彦《かみむらかつひこ》　一九四四年生まれ。東京大学文学部卒業。同大学大学院人文科学研究科修士課程修了（印度哲学）。サンスクリット文学専攻。東京大学教授などをつとめた。二〇〇三年没。

本書は、一九九八年に東京書籍より刊行された
『仏教語源散策』第二版を文庫化したものです。

仏教《ぶつきよう》語《ご》源《げん》散《さん》策《さく》

中村《なかむら》元《はじめ》＝編著

平成30年 1月25日 初版発行
令和7年 1月10日 16版発行

発行者●山下直久

発行●株式会社KADOKAWA
〒102-8177 東京都千代田区富士見2-13-3
電話 0570-002-301（ナビダイヤル）

角川文庫 20755

印刷所●株式会社KADOKAWA
製本所●株式会社KADOKAWA

表紙画●和田三造

ISBN978-4-04-400300-5 C0115

◆◆◆